正直者が馬鹿を見る判決の話

成年後見制度を崩壊させる**相続税課税**

税理士

田中 潤

歴史探訪社

はじめに

　本庄泰郎（仮名）さんの相続税の申告に端を発し、相続税の小規模宅地の特例を受けるために必要な「生計を一（いつ）」要件を争った事案は、最高裁判所の上告棄却によって、私たちの主張が認められずに終了しました。

　私たちはこの裁判で、成年後見制度下で成年後見人と成年被後見人が生計を一要件を満たすことの特殊性や、それを形式だけで判断することの危うさについて、一貫して主張しました。これに対し、国は従来からの形式論に終始し、お互いの主張は平行線のまま地裁―地裁判決―控訴―高裁と進み、高裁判決を迎えました。

　地裁も、高裁も、原告（本庄泰郎さん）と被告（国）それぞれの主張の意味や問題点について特別に意見を求め吟味することは、ほとんどありませんでした。そして、高裁判決では、原告である私たちどころか、被告の国さえも考えもしなかったであろう珍解釈が飛び出しました。本文で詳しく説明しますが、生計を一要件を飛び越して、小規模宅地の特例を受けるためには相続人が被相続人を扶養することが必要、と新たに断じたのです。これは、これまで相続税の申告において頻繁に使われてきている小規模宅地の特例の成立要件を根本から揺るがす考え方です。

　私たちは、裁判所が独自の法律をひねり出した点を追求し最高裁に上告しましたが、最高裁はその訴えを棄却。これをもって、私たち原告の主張は退けられました。

　法律の番人たる裁判所が法律解釈を自ら変えてしまったことに驚き、私の頭を再審請求という言葉がよぎりましたが、弁護士の三木義一先生に相談したところ、「租税特別措置法の争いは、ここまでだ。前例がない。無念だが、別の方法で戦おう」と諭されました。

　今回の争いは、「生計を一」とはどのような状態をいうのかということと、小規模宅地の特例が適用される事業用宅地の要件として相続人は被相続人を扶養する義務を負うのか、という二つの論点が解決されずに終わりました。

　特に、この裁判によって後者のような考え方が生み出されてしまったことは、極めて深刻です。

裁判制度の限界を知らされ、しばし呆然としましたが、改めて三木先生の意を受けとめ、本書により今回の判決の矛盾について訴えていくこととしました。

　この裁判結果によって、小規模宅地の特例の適用において、相続人が被相続人を扶養していたことを要件にされてしまうようなことが起こらないようにすることが私たちの責任であるからです。

令和5年8月30日

税理士　田中　潤

提供：三木義一

注記：本書はいわゆる税法書籍とは違うので、法律上の言い回し・表現方法を簡便にしています。また、必要に応じて当時とは異なる現行法に基づく数値などを使用しているところもあります。ご了承ください。

目 次

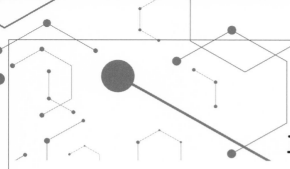

正直者が馬鹿を見る判決

　2022年8月22日の国連「障碍者の権利に関する委員会」では、委員会が懸念する日本の問題として

 (1)民法において、特に心理社会的・知的障碍者の精神的能力の評価に基づく法的能力の制限や代理決定制度の存続を認め、障碍者が法の下で平等な承認を受ける権利を否定する法的規定

 (2)2022年3月に成年後見制度の利用促進に関する基本計画を認定

 (3)2017年の「障碍者福祉サービスの提供に係る意思決定支援のためのガイドライン」内で「本人の最善の利益」という言葉を使用していること、

を指摘し、次の勧告を行っている。

 (a)代用的な意思決定体制の廃止を視野に入れ、すべての差別的な法的規定と政策を撤廃し、法の下ですべての障碍者が平等に認められる権利を保障するために民法を改正すること

 (b)すべての障碍者の自律性、意思、好みを尊重し、必要とされる支援のレベルや方法にかかわらず。支援された意思決定メカニズムを確立する。

　国連でも我が国も成年後見制度の問題点が話題になるほど、制度の在り方が問われている。そういう状況の中で、まさに後見人として、誠実に対応されてきた方が、誠実に対応してきたが故に「生計を一つ」にしていないと判断された地裁判決を読んだとき、真逆の判決ではないかと思った。通常は、個人所得課税の下で、「生計を一」は広く解され、家族間の所得は合算されてきたのに、特例の適用の時には、逆に、極端に狭く解するというのはご都合主義だと言わざるを得なかった。

　そこで、控訴審段階から協力し、逆転を目指して、本書に収録されている意見書を書いたのであるが、全く無視されたうえに、地裁よりより悪質な内容の判決になってしまった。唖然とするとともに、判決内容を分析すること自体に価値を見出せなかった。

これで、成年後見制度は、国連の勧告のみならず、税制面からも崩壊していくのではないかと感じている。

　長年税法を研究してきたものとしてお役に立てなかったことを反省するが、高齢者の権利を保護するための税法理論というものも考えねばならないのではないか、ということを考えさせられた事件でもあった。

2023 年 7 月 31 日
三木　義一

提供：三木義一

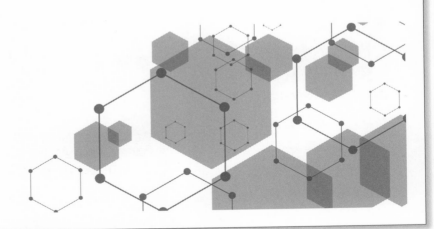

（第1章）小規模宅地の特例と「生計を一」をめぐる争い

税務調査 - 更正処分 - 審査請求

■ 事の発端 －相続税申告－

　本庄泰郎（仮名）さんと水原政子（仮名）さんは、もともと甥・叔母の間柄でした。泰郎さんの実父・本庄義郎（仮名）さんは政子さんの実兄です。泰郎さんは1歳の時、政子さんの養子になりました。その後、政子さんは水原和男（仮名）さんと結婚し、頼子（仮名）さんが生まれました。

　政子さんの夫である和男さんが病気を患ってからは、泰郎さんは様々な形で政子さんと頼子さんの世話をしてきました。頼子さんは中度の知的障碍があり、政子さんは認知症となり、泰郎さんの助けを借りなければ日々の炊事・洗濯・掃除も出来ない状態にあったからです。やがて和男さんが亡くなると、泰郎さんは政子さんと頼子さんの成年後見人となり、それから3年余り、成年後見人としてお二人を支えてきました。

　泰郎さんは義郎さんの代から大工を生業としており、政子さん所有の土地（以下、A土地と言います）に工場を建てて事業をしていました。A土地は、義郎さん・政子さん兄妹の実家の土地を政子さんが相続したものであり、泰郎さんは政子さんから一族の土地として無償で借りていました。

　政子さんが亡くなって相続が発生すると、頼子

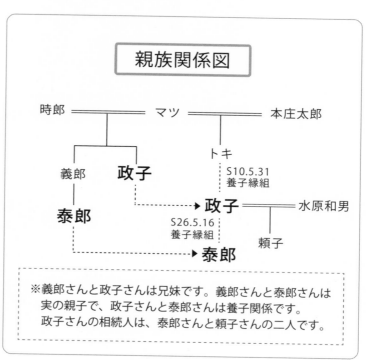

親族関係図

```
時郎 ——————— マツ ——————— 本庄太郎
        |              |
        |             トキ
        |          S10.5.31
        |          養子縁組
  義郎    政子            |
        |          →  政子 ——— 水原和男
  泰郎   S26.5.16            |
        養子縁組          頼子
        |
        → 泰郎
```

※義郎さんと政子さんは兄妹です。義郎さんと泰郎さんは実の親子で、政子さんと泰郎さんは養子関係です。
政子さんの相続人は、泰郎さんと頼子さんの二人です。

さんと泰郎さんの二人が相続人となり遺産の分割協議をすることになりました。政子さんは、Ａ土地の他に、Ａ土地の隣の土地（駐車場として賃貸）と自宅の土地（以下、Ｂ土地と言います）も所有しており、預金などの金融資産も合わせ相続税の申告と納税の義務が生じました。そこで、泰郎さんは相続人代表として、相続税の申告手続を税理士である私に依頼したのでした。もう一人の相続人である頼子さんは意思決定能力がないということで、司法書士のＨ先生が監督人となり、私に委任をされました。

　受任後、私は政子さんの財産を整理し、相続税法の定めに従って財産の評価をしていきました。その際、Ａ土地については小規模宅地の特例という制度が合致すると判断しました。この特例は、被相続人あるいは被相続人と生計を一にしていた

親族の事業の用に供されていた土地で、その親族が土地の相続後も事業を続けている場合は適用になるものです。今回の相続では、この特例を適用して計算すると、申告する相続財産額が約 4,000 万円少なくなるのです。大変な金額です。これに合わせ減額される相続税額は 1,100 万円相当です。この特例の適用で相続税が 1,100 万円減少することが、今回の争いの具体的金額です。私は、小規模宅地の特例を A 土地に適用し、平成 27 年 6 月に相続税の申告をしました。

■ 税務調査

　税務調査は、平成 28 年 9 月 7 日、藤沢税務署資産課税課の調査官からの電話で始まりました。平成 27 年 6 月 26 日に提出した水原政子さんの相続税の申告について、その相続人である本庄泰郎さんが相続した A 土地に関するものでした。

　泰郎さんは、被相続人（政子さん）の土地（A 土地）を使って大工の事業を行って生計を立てていたのですが、それがそのまま被相続人と泰郎さんが生計を一にしている関係と言えることになるのか疑問である、という指摘でした。調査は通常、税務署の職員が納税者のもとを訪問し、1 日ないし 2 日にわたって納税者の委任を受けた税理士の立会いの中で行われるのですが、この時はこの点だけを確認する机上調査という形で行われました。

　ここで、相続税の申告について少し説明をします。ある人が亡くなり、その人（被相続人と言います）の法定相続人が相続する財産が一定額以上あると相続税が課税されます。課税されるということは、税務署に申告をして相続税を納める、ということです。申告には、被相続人の全ての財産と債務を記載します。そして、その差引き額が正味の遺産とされ課税されることになります。その際、最も重要になるのが、小規模宅地の特例という土地の申告額を大幅に減額することが出来る制度の活用です。

　この特例を使うためには、今回の争点となる「被相続人と相続人が生計を一にしていなければならない」という要件がついています。言葉では簡単ですが、この生計を一にしているということを客観的に証明することは極めて困難なことであり、これが今回の税務署との対立点でした。税務署側が基本にしている「お金のやりとりをもって判断する」という考え方は今ではかなり時代錯誤になっていることが、その後のやりとりの中で明らかになって行ったのです。成年後見人という役割の中で全面的に被相続人（政子さん）の面倒を見てきた泰郎さんは、「被相続人と

生計を一にしていた」ことを証明する戦いに巻き込まれていったのです。

　泰郎さんは被相続人（政子さん）の成年後見人なので、「最も厳格に監視されている成年被後見人のお金を管理しなければならなかったこと」「お互いの間での安易なお金のやりとりは、裁判所から禁じられていたこと」など、関係書面を提出しながら実質的に生計を一にしていたことを説明しましたが、税務署側は了承しませんでした。

　「泰郎さんの被相続人への生活支援の状況や、被相続人が独立して生活することは出来なかったことは理解する。但し、これだけでは生計を一とは認められない。生活費が共通であることを説明するものがないか、所得税基本通達 2-47 に該当しているかを見極める必要がある。」というばかりです。

　基本通達 2-47 は、「生計を一にする」の意義について規定しています。要約すると、「親族は同居していれば原則として生計を一にしているものとし、勤務、修学、療養などで別居している場合でも、生活費等の送金がなされていることが明らかな場合は生計を一と認める」というものです。つまり、同居していない場合には生活費のやりとりがなければ「生計を一と認めない」と言っているわけです。

成年後見制度の下、成年被後見人（政子さん）のお金を自由に出し入れ出来ない泰郎さんにとって、非常に不利な通達と言えます。しかも、この通達は所得税に関する通達であり、例えば「同居している親子間では経費を支払うことは事実上認めない」という、どちらかと言えば、税務署側が課税する上で優位に進めるために、生計が一の意義を規定して

```
┌─────────────────────────────────────────┐
│   ┌───────────────────────┐              │
│   │   成年後見人の関係     │              │
│   └───────────────────────┘              │
│                                          │
│     家庭裁判所                            │
│        │                                 │
│     後見監督人（H司法書士）               │
│        │                                 │
│     成年後見人（本庄泰郎さん）            │
│        │                                 │
│     成年被後見人（水原政子さん、水原頼子さん）│
│                                          │
│   ┌ ─ ─ ─ ─ ─ ─ ─ ─ ─ ─ ─ ─ ─ ─ ─ ┐      │
│     成年後見人は、献身的に成年被後見人の世話をする立場 │
│   │ にあります。関係図では、あたかも裁判所から監視され │
│     ているようで、不思議な立場です。           │
│   └ ─ ─ ─ ─ ─ ─ ─ ─ ─ ─ ─ ─ ─ ─ ─ ┘      │
└─────────────────────────────────────────┘
```

いる通達なのですから、何とも気持ちの悪い話です。

　そもそも、自分でお金の管理が出来ないから成年後見人が必要になったのです。もし成年後見人がお金の出し入れを任されてしまえば、成年被後見人のお金を意のままに使えることになってしまいます。なので、税務署が求める「生活費を共通にする」ということは、成年後見人と成年被後見人の間ではまったく許されないことなのです。

　なお、「生計を一」については、法人税基本通達 1-3-4 で「有無相助けて日常生活の資を共通にしていること」といっていますが、具体的にどういうことかとなると、かなり曖昧な規定としか言えません。

　さらに税務署は泰郎さんの大工事業の実態についても、本当に行っていたのか疑問を呈しました。「実際には事業を自宅で行い、小規模宅地として申請した土地は使っていなかったのではないか」などと、とにかく小規模宅地の特例を否認することを目的としたような執拗な確認を続けました。そして、何度目かの資料のやり取りの後、「現地を見て実態を確認したい」ということになりました。つまり、机上調査から通常の調査へと移行したのです。

　私は改めて税務署の求める、泰郎さんと被相続人（政子さん）が生計を一にしていたことを示す根拠を揃えることに没頭しました。泰郎さんが被相続人のために自己の負担で買ってきた食材や消耗品、そうしたことのために使った車のガソリン代など、細かい領収書やメモをかき集めました。

　成年後見人は、成年被後見人のために使った支出はすべて現金出納帳で管理し、後日裁判所に報告しなければなりません。成年被後見人のお金を使っているのだから当然のことですが、領収書を無くしてしまったりしたら、（いちいち再発行の手間などをするのも面倒なので）自身の負担として終わらせてしまうこともしばしばあります。同時に、自分のお金で買ったものを成年被後見人のために使っても、いちいち色分けして成年被後見人分として精算することなども、そうそう出来るものではありません。

　そもそも成年後見人は、成年被後見人の日常の様々な世話をすることが本分であり、終わったことの処理であるお金の計算などに重点を置く余裕などありません。更に、その頃泰郎さんは頼子さんの成年後見人も引き受けており、日々のサポートは相当な負担でした。そんな中で泰郎さんに協力を願い、税務署に資料を提出しました。

　平成28年12月6日午前10時30分、藤沢税務署を訪ね、調査官とその上司である資産課税統括官に対し泰郎さんと私は約1時間30分にわたり、泰郎さんと政子さんの関係、過去の様々な生活支援の状況などを詳しく説明しました。特に、泰郎さんが成年後見人としてどのように政子さんを支えてきたか、泰郎さんが帳簿に残していない持ち出しのお金（弁当代や交通費など）が日々生じていたことや、毎日のように政子さんたちを見守っていたことを具体的に述べました。統括官は、よく耳を傾け、「生活状況はイメージ出来た」と深く頷きました。面談後、私は泰郎さんと少し楽観的な会話をしたことを記憶しています。

　更に、平成28年12月22日午前10時30分、雨模様の日に、A土地に泰郎さんと調査官、私が集まり、事業の実態の確認をしました。長年使われていた工場の中でカンナ削り機や切断機など、老朽化しているものの今も使用している機械を、泰郎さんが実際に木材を削って見せて一つ一つ調査官に使用法を説明し、工場内部の電力施設などを示していきました。酸素動力の200ボルトの機械の扱いなどは、この場所でなければとても出来ないことなども伝えました。更に、隣にある簡単な設計作業をするための事務室兼休憩室の建物を示し、大工仕事の一連の流れを説明しました。
　泰郎さんは大工事業を行っていることを示した過去の所得税の確定申告書を既に調査官に提出しており、泰郎さんが事業を行っていたことは争う余地のないことなのです。それなのに税務署は小規模宅地の特例を安易に否定できる材料として、

「そもそも泰郎さんは事業を行っていなかった」という結論を導き出そうとしていたようです。

　個人事業主は、自宅を事業所として登録していることがほとんどです。泰郎さんも自宅を事業所として登録していたので、税務署は事前に事業所から3kmほど北にある泰郎さんの自宅を調べ、事業が出来る状況にないことを確認した上で今回の調査に臨んでいました。結局泰郎さんが申告した通りA土地で事業を営んでいたことは、約2時間の調査で伝わったようでした。

　しかし、数日後の12月26日、調査官は「事業をしていたことは認めるが、やはり生計を一にしていたという件は解決されていない」と連絡してきました。「実際に生計を一であるのと同じような状況と理解するが、通達を前提にすると限界がある」というのです。泰郎さんと私は大いに失望しましたが、「税務署だけでは判断出来ないので、国税局に上げる」という言葉に期待をかけました。

　調査官は「内部で書類を作成した上で、国税局に確認するので、相当時間がかかる」と伝えてきました。一方、「修正に応じるなら、小規模宅地の特例は居住用不動産については差し障りなく適用が出来る」とも言われました。しかし、それでは控除できる金額が大幅に少なくなってしまうので応じることは出来ません。また、「生計を一にしていない」と言いながら、A土地については「親族なので使用貸借として更地評価で見る」と非常に税務署側に都合のいい解釈をしてきました。つまり、貸している土地について認められる一定の減額評価もさせない、ということです。

　平成29年2月14日に調査官から、国税局に上げるとの連絡がありました。そして、2カ月経った平成29年4月20日「局の判断が出た。この件はやはり生計を一とは認められないとの回答があった。」とのことです。そして、泰郎さんが政子さんのためにお金を出した事実が明確にあるなら出来る限り見せて欲しい、とのことでした。

　既にそうした資料は精一杯努力して出していたのですが、私たちは泰郎さんが政子さんのために使った費用、食事代、ガソリン代、車の償却費、料理代などメモ、領収書を改めて精査して、少しでも洩れていたものは税務署に提出しました。また、担当者には、「もし生計を一と認めないなら、建物は泰郎さんの所有物なので土地に対する借地権が存在するのではないか。つま

　り、土地は賃借地として更地価額より減額して評価すべきでないか」との疑問も投げかけました。

　平成29年6月8日、税務署担当者から「国税局の正式な回答があり、追加資料も検討した上で、生計を一は認められないと言ってきた。」と連絡がありました。調査官自身も「残念である」と、私たちの主張をある程度受け入れたことを示すような言いぶりでしたが、「藤沢税務署としてはこれ以上の判断はない」という冷酷な言葉も添えられていました。

　私は担当者に、Ａ土地を借地権などが存在する利用制限のある土地と考えられないかを再度問いました。元々、泰郎さんの父・義郎さんが建物を建て、そこに居

住し、更に事業を続けてきたのであり、単なる使用貸借とは違うのではないかということです。しかし、これについても、「国税局としては出来ないとの結論済である」とのことでした。

■ 更正処分

　私は 30 数年間、税理士をしておりますが、国税局の判断がどれほどのものか、よく分りません。しかし、国税局のお墨付きを得たことで、税務署自身は気楽に更正処分の方針を決めたことは分かります。

　私は、泰郎さんに、もはや税務署に対して主張しても益のないことを伝え、今後のことについて判断を求めました。即ち、税務署の判断について国税不服審判所に対し審査請求をするかどうか、ということです。

　泰郎さんは冷静でした。更にいくつか私の補足説明を聞いた上で、「やってください」と静かに言われました。その後、泰郎さんは亡くなるまで一度として、この時の判断について迷いを見せることはありませんでした。納税者と一緒に行政に抗していく中で、税理士としてこれほど有り難く、心強いことはありません。私は、その後の戦いの中で、何があってもやり抜く姿勢を保つことが出来ました。

　平成 29 年 6 月 23 日、藤沢税務署の担当者に、この件について修正申告をする意志はない旨伝えました。但し、事業用として申請している土地（A 土地）の面積の一部の適用を減らしてその一部を居住用の土地に振り替えて適用できるかどうかを尋ねました。つまり、最終的に事業用の土地は否認されても居住用の土地については減額させ総額の税負担を減らすという苦肉の戦略です。（その後、小規模宅地の特例は改正され、居住用と事業用を同時に満額適用出来るようになりました。）

　担当者はしばらく検討をした上で連絡してきました。いわく「小規模宅地の特例は適法の場合には修正申告での変更は出来ないが、今回は不適法なので事業用から居住用への変更は可能である」との見解です。「但し、併用は出来ない」というわけです。また、「税務署が更正で却下した後では居住用への変更も出来ない」という見解であり、もし居住用の特例を選択するなら、事業用は断念し居住用のみにして修正申告するしかない、というのです。むろん、それを受け入れる気はありません。修正しない旨伝えました。

　通常、税務署が納税者の主張を受け入れない場合、最終的に納税者が折れて修

正申告をすることで一件落着となることも多いのです。今回のようにどちらも折れない場合は、税務署が更正処分を行い強制的に申告内容を否定し、結果的に納税額を増やして納付を迫ることになります。担当者は、こちらの立場に理解を示し、僅かに申し訳ないという雰囲気を伝えつつ、「更正処分で進める」と言いました。

6月30日、担当者から更正準備が整ったとの連絡がありました。

平成29年8月3日午前10時、泰郎さんと私は藤沢税務署を訪ね、資産課税の統括官と担当者と、更正回避に向けての最終協議を行いました。税務署側は国税通則法74条の2に基づき説明をしました。これは税務署側の調査・更正について規定したものです。

国税局と税務署が別居と成年後見人について検討した内容についての説明がありました。「生計を一」に関して、「居住費、飲食費、日常の生活などのすべての費用について財布が一緒でなければ、いくら貢献したとしても考慮出来ない」と平成20年に裁決された、という事例でした。

これに対して泰郎さんは、成年後見人になる前から家族ぐるみであらゆる面で政子さんの面倒をみ、政子さんのためにお金も使っており、成年後見人になった後もしばしば立て替えしていることを改めて伝えました。

こうした個別の主張も認めず、また包括的な人間関係の在り方をも否定する考え方に、「生計を一」に関して規定する通達が、まったく法の精神に寄り添っていないことを改めて痛感しました。

税務署の職員が、「個人的には考慮すべき事案である」とはっきり言うこと自体やるせなく、改めて争うしかないと思いました。「重課（通常の税金より、より重い罰金を科す制度）はしない」と言いつつ、「更正に進める」と再確認されました。

　平成29年9月、泰郎さんの自宅に藤沢税務署長から更正処分を行った旨の通知が届きました。（「相続税の更正通知書及び加算税の賦課決定通知書」）これを受けて、私たちは不服審判所へ審査請求をする準備を始めました。

■ 審査請求

　私は審査請求を行ったことが3度あります。年に10回くらい税務調査があるとして、30数年間の税理士生活で300回くらいは調査に立ち会ってきたと思うので、その内の約1％です。

　税務調査では税務署と論点を協議し、納税者側に間違いがあれば修正申告をする、というのが調査の帰結です。誤りを指摘されれば、開き直って強弁したり屁理屈をこねたりするわけではなく（100％ないとは言い切れませんが）、誤りは誤りと認めて修正をするのは当然です。したがって、多くの場合は修正申告となるのですが、税務署と納税者、お互いの主張が対立することも少なくありません。

　結果として、税務署が主張を取り下げることもあれば、納税者が引き下がることもあります。また、引き分ける（お互いの主張を一部ずつ通す）ことも多々あります。要するに、一つの論点の是非だけではなく、調査における税務署側の意向を聴きながら納税者の調査内容全体を俯瞰して、それぞれの論点の調整を行い、あるところは譲り、あるところは主張を曲げず、着地点を見出して最終的に修正申告に持っていくことがほとんどなのです。

　つまり、修正申告というのは、納税者と税務署の合意の産物なのです。したがって、今回のように論点が一つであり、それが金額の大きなものである時、さらに○か×のどちらかしかない時、そして納税者がどうしても税務署の指摘に納得出来ない時には、最後まで抵抗し修正申告をせずに税務署の更正を受けるということも生じてしまうわけです。また、単なる税務上の事案という域に止まらず、納税者自身の日々の生活が否定されるような場合は、まさに「引き下がれない」ということにもなるわけです。

ところで、審査請求をするとなると、税理士としても相当な負担を覚悟しなければなりません。審査請求に向けての論点整理と申請文書の作成、その後の審判官とのやりとりなど、労力と精神的負担は通常の税務調査の何倍にもなります。私の場合、審査請求は私自身の責任として行うので、審査請求の業務について納税者に報酬請求はしません。経済的な意味では無駄な仕事になりますが、無報酬とした方が時間フィーを意識せずに出来るので、むしろやりやすいものです。

　私のこれまでの審査請求の実績は、概ね認められたものが1回、一部認められたものが1回、却下されたものが1回、と多少手ごたえもあったので、審査請求をするにあたって無力感はありませんでした。前述したとおり税務署の担当者も判断を迷っていたきらいもあり、一応中立の立場である不服審判所は理解を示してくれるのでは、との期待感はありました。

　平成29年12月22日、「審査請求書」を提出すると、審判所の事務担当者から連絡がきて、この事案を担当する審判官の名前が伝えられ、税務署からの「答弁書」、それに対する泰郎さん側からの「反論書」、さらに税務署からは「意見書」と、それぞれ書面でのやり取りが行われました。そして、出頭期日を示した「面談のお知らせ」が送付され、平成30年4月19日、泰郎さんと私は東京国税不服審判所横浜支所に赴きました。

　審判所は、山下公園の手前の大岡川沿いにある古い建物の8階にあります。横浜中税務署も入居しているビルなので、私にはなじみのある場所です。個室に案内され、私たちと審判官、補佐官の4人で話し合いを始めました。審判官は中立の立場のせいか、話し方は丁寧で、こちらの言うことにも積極的に耳を傾けてくれるイメージがありましたが、今回もそうでした。

　まず、納税者の権利を守るための制度の改正があり、審査請求の期間中に口頭意見陳述を受けるために担当した税務署を呼ぶことが出来ること、証拠の閲覧が可能なこと、などの説明がありました。また、審査請求人（泰郎さん）には本件以外で審査請求人が不利になることは訊ねないなどとも言われました。つまり、請求したことで藪蛇となり更に罰金を科すようなことはしない、ということです。

　ここまで審査請求人の立場を考慮した話をされると、むしろ不安が生じます。例えば、審査請求人に有利になるような事実が分かっても適当に切り捨てられるのかな（結果的にその予感はあたりましたが）といった思いが生れました。つまり、肝心の事案については税務署寄りの考え方で進められてしまうのではないか、とい

う懸念はむしろ大きくなっていきました。

　泰郎さんは審判官に、被相続人（政子さん）と自身の関係、成年後見人としての仕事の内容、お金の管理の状況など、細かく説明をしていきました。審判官からは、事業に使っている施設について、今現在も使っているのかなどを聞かれました。泰郎さんは、後見一覧表を使って何をしているのかなど細かい点を説明し、「生活、身の回りのことについて全部させられていました」と話しました。後見人として行ってきたことでそれまで提出していなかった資料なども確認しました。原処分庁の提出文書中の事実でないものについて認否の確認がされ、特に否はなしと伝えました。これ以上こちらから新たに証拠として提出する資料はない旨を伝えました。

　調査の際に税務署が泰郎さんから話を聴き取った録取書も確認できる、とのことでしたが、平成20年の「生計を一」に関する裁決の記録の提示（平成29年8月3日に藤沢税務署で示された、「生計を一」について否認した事案）については、内容の検討はするが制度的に資料を出すことは出来ない、ということでした。

　私は言いました。「原処分庁は生活に使われた経費のみをお金の流れとして見て

いましたが、見た目の経済的利益だけでなく、相扶け合っていた具体的な事象を見て欲しいのです。そして、成年後見人なのだから、自分の金銭を自由に成年被後見人のために使ったり、また、それを返してもらったりすること、つまり、お互いにお金を出し合うことは出来ないのだから、お金のやりとりをもって生計を一であるかどうかを明確にすることは困難なのだという特殊事情を考慮してください。むしろ生計を一にしていたからこそ、成年後見人にならねばならなかったのです。」

　泰郎さんは、「後見人の仕事は弁護士等がする仕事であり、一般の人は出来ないと思われている。そのくらい特殊な仕事である。」と主張しました。審判官は、「成年後見人であったという点は押さえる」と言ってはくれましたが、成年後見制度の中でのお金の使い方等、個別事情には関心がなさそうでした。そして「今までのものに今日聞いたことを踏まえて、審判所として論点整理の文書を作ることにしたい。」ということで、一通りの応答は終わりました。

　その後、答弁書の認否確認があり、泰郎さんはサインしました。また、こちらからは税務署に証拠書類を求めることも、もうしないと伝えました。最後に審判所の制度についてアンケートに記入して終了となりました。

　会議後、気になることが頭をよぎりました。「泰郎さんの献身的なサポートと土

地を無償で借りていたことは、二人が相身互いに助け合っていたことを示すものである」と主張してきましたが、こうしたこともどこまで勘案してくれるのか。また、会議の中で審判官から「今回の審査は成年後見人の特殊性とは切り離して行って良いのか」との驚くべき問いかけがありました。成年後見人と成年被後見人との関係の特殊性を踏まえた上で、生計を一かどうかを争うのがこちらの主張であるのに、それを切り離すという発言の趣旨が理解できませんでした。

　審判官によると、生計を一の判断と成年後見人であることを混同すると論点の整理が曖昧になるので、生計を一についてのみに絞りたい、というのです。そういう特別な事案だからこそ裁決を求めていたのですが、上手に逃げられてしまったようです。

　核心であるはずの、生計を一ということに対して、明確な基準も具体的には示されず、確認もされなかったので、今回の特殊な内容に踏み込んで考えてもらっているという手応えはまったく感じられませんでした。

　「成年後見人を論点から外したい」と言われた時、二つのことが頭に浮かびました。一つは、面倒な成年後見人の絡みを外して生計を一だけでこの件を終わらせようという審判官の税務署側に寄った思わくであり、それではこちらの主張はまず認められないだろうという落胆です。

　もう一つは、生計を一という観点からも本件は特殊なことであり、もしかしたら成年後見人であることに関わらず認められるかもしれない、という微かな期待です。しかし、その可能性は極めて小さなものだと思われ、審判所で出来ることはここまでだな、という見切りの気持ちも湧いてきました。成年後見人の件は裁判ではっきりさせるしかないのかな、という思いが少しずつ固まっていったのです。

　審判所が論点整理の文案を作り、これを提示することになりました。こちらに新たな証拠書類を求めるわけでもなく、肩透かしを食った感もありました。

　平成30年5月14日、審判所の担当者から論点整理の文案「争点の確認表」が届き、「これで良ければ進める」とのことで、「5月22日までに回答をして欲しい。回答を延ばすなら5月18日までに」と性急な話です。泰郎さんは「これでOK」ということでしたので、5月22日に特に異論は無い旨回答すると、6月5日付の「審理手続きの終結について」が送付されました。

■ 国税不服審判所裁決 ―棄却―

　平成30年8月31日、配達証明郵便により、国税不服審判所から審査請求の棄却を告げる「裁決書」が届きました。書かれていた内容は、何の新たな事実もなく、単純でした。

　結局、成年後見人の特殊性にはまったく言及しておらず、審判官が生計を一と成年後見人を絡めて検討することを放棄したことが明確になりました。こちらに「切り離したい」と提案した時点で、一般的な生計を一の視点だけで判断をする準備が出来ていたのでしょう。そうであれば、原処分庁の更正を覆すことは事実上困難です。

　うすうす気付いてはいましたが、優しい顔をして納税者の意見を切り捨てる審判所のやり口を改めて思い知らされました。厳しいけれども、裁判にするしかないのだと思いました。少なくとも裁判所はもう少し客観的に成年後見人の特殊性を取り上げてくれるものと信じていましたから。

　即日、泰郎さんと連絡をとり、裁判に訴えることで合意しました。

小規模宅地等の特例 　租税特別措置法 第69条の4

　「小規模宅地等の特例」（以下「特例」と言います）の最もポピュラーなものは、被相続人が居住していた土地（建物）に同居していた相続人がその土地を相続した場合、土地の評価額からその80％を減額して申告額とすることが出来るとするものです。首都圏など地価が高騰しているところに住んでいる人にとって非常に重要な制度です。

　例えば、評価額5,000万円の土地だと、「特例」を使うことで80％減額した1,000万円として申告できることになります。但し、この特例が適用されるのは、相続される土地の内330㎡（100坪）以内の部分迄です。また被相続人や被相続人と生計を一にしていた相続人が遺産となる土地を使って事業をしていた場合にも、その土地の内400㎡までは80％減額の適用を受けることが出来ます。つまり、被相続人が事業をしていた場合だけではなく、その人と生計を一にしていた相続人が事業をしていた土地にも適用になるわけです。それが今回のケースなのです。

　現在（令和5年）は同時に両方適用することが出来ますが、泰郎さんの時はどちらか一方にしか使うことが出来ませんでした。つまり、今回の相続では、事業用A土地と居住用B土地のどちらか有利な方を選択することになります。A土地の方が広く価額も高かったので、申告に当りA土地を小規模宅地として選択するのは必然でした。

　まず、シンプルに 小規模宅地の特例（事業用の場合）を把握してみましょう。

例：評価額が5,000万円の土地を相続するケース

被相続人と生計を一に
していた相続人が
大工として事業をしている

特例の適用あり
→評価額は1,000万円に

居住も事業もしていない

特例の適用なし
→評価額は5,000万円のまま

《 本庄泰郎さんのケース 》

　では、今回のケースに当てはめて事業用 A 土地と居住用 B 土地について「特例」
の計算をしてみます。

> **A 土地**　面積 433.518 ㎡　1 ㎡当り 126,225 円　／土地の価額　54,720,809 円

　　事業用なので「特例」は 400 ㎡まで適用可能となり、400 ㎡を超える
33.518 ㎡は適用外となります。

　　　　土地全体の価額　　126,225 円 × 433.518 ＝ 54,720,809 円
　　　　減額される金額　　126,225 円 × 400 × 0.8 ＝ 40,391,999 円
　　　　※申告する土地の価額は 14,328,810 円で、<u>40,391,999 円の減少</u>となります。

> **B 土地**　面積 110.49 ㎡　1 ㎡当り 81,780 円　／土地の価額　9,036 千円
>
> （千円未満切捨）

　　居住用なので、「特例」は 330 ㎡まで適用可能です。
　　つまり、今回は 110.49 ㎡すべて「特例」の適用が可能です。

　　　　土地全体の価額　　9,036 千円
　　　　減額される金額　　9,036 千円 × 0.8 ＝ 7,228,800 円
　　　　※申告する土地の価額は 1,807,200 円で、<u>7,228,800 円の減少</u>となります。

　A 土地に適用された場合の減少額は 40,391,999 円、B 土地では減少額
7,228,800 円なので、「特例」の適用に当り A 土地を選択することは当然です。

　また、A 土地に「特例」を適用した場合と適用できなかった場合で、相続税額は次
のように異なりました。

　　　　「特例」を適用した場合　　　　13,760,000 円
　　　　「特例」を適用できない場合　　24,757,600 円
　　　　　　24,757,600 円 − 13,760,000 円 ＝ <u>10,997,600 円</u>

　つまり、今回のケースでは、「特例」が適用できない場合、相続税が 1,000 万円以
上増加することになります。そして、この税額が争いの金額となるのです。

第2章 横浜地方裁判所への提訴

■「訴状」提出

　訴訟を起こすにあたり、弁護士に委任しなければなりません。原告である泰郎さんが自分で裁判手続を行うことは現実的ではありません。事務手続のみならず、論点を整理し、主張を明確にするためには弁護士の力は不可欠です。今回は、私が最も信頼している馬渕泰至弁護士に委任することにしました。納税者に対する不当な処分に対して強い憤りを共有してくれて、手弁当での受任を快諾してくれたのです。馬渕弁護士は税理士でもあり、税務訴訟に長けています。私も補佐人という立場で裁判に出廷することになります。

　平成30年10月25日、裁判にあたり泰郎さんには経済的負担は一切かけずに進めることを伝えました。泰郎さんの了解を経てそれまでの資料をすべて馬渕弁護士に渡し、裁判準備が始まりました。

　平成31年1月22日、成年後見監督人であったH司法書士に訴訟を行う旨の確認をし、承諾をもらいました。H先生は、成年後見人の業務を監督するように裁判所から求められた役割ですが、税務署との争い以降最高裁への上告まで、一貫して協力してくれました。なお、共同相続人である頼子さんは特に裁判の原告に加わる必要はないということになり、結果的に裁判の原告は泰郎さんお一人となりました。

　平成31年1月30日、馬渕弁護士と訴状の確認をしました。

　平成31年2月7日午後1時30分から午後3時まで、馬渕弁護士、泰郎さん夫妻と会談。次のような争点の確認をしました。

　　　1.　成年後見制度において、後見人と被後見人はお互いのお金を分別しなければならない。したがって、お金の出入りをもって生計を一かどうかを判断することは出来ないはずである。

　　　2.　泰郎さんは政子さんに報酬を請求していない。日々の生活支援など

についても一切報酬を請求していない。Ａ土地は無償で借りている。これらを総合すれば、「生計が一であったから」という要件に合致する。

3. 建物は未登記であった。政子さんはＡ土地のみ所有していた。但し、昭和 56 年まで、本庄義郎さん（泰郎さんの父）が土地の固定資産税を支払っていた。

4. 成年後見人になる以前、泰郎さんは政子さんに対し、日常の世話をするという労力的なことだけでなく、生活費用を出すこともしばしばあった。政子さんの食事は最後まで、日常的に泰郎さんの奥さんが作って持って行っていた。一方、泰郎さんが政子さんのお金を自分のために使うことは一切なかった。

　馬渕弁護士は、成年後見人を始めるにあたりその業務について報酬をもらうという認識があったかを、泰郎さんに確認しました。泰郎さんは「そのつもりはなかったし、説明もされなかった」と述べました。実際に泰郎さんは、無報酬で政子さんに対する成年後見人の仕事をやり切りました。

　まとめますと、泰郎さんが政子さんから一切報酬を得ていなかった事実はまったく斟酌されず、成年後見人と成年被後見人がお互いのお金を区分しなければならないことで生計を一要件を満たしていないとされてしまうことは納得できないこと、泰郎さんが政子さんからＡ土地を無償で借りていたのも生計が一であったからこそであること、が私たちの主張です。

平成 31 年 2 月 18 日、横浜地方裁判所に「訴状」を提出し、ここに、本庄泰郎さんの「相続税更正処分等取消請求事件」は始まりました。

　「訴状」で、私たちは「この訴訟は小規模宅地の特例の適用の有無を、そしてその中の生計を一にしていたことの該当性を争うものである」と示しました。

　「泰郎さんは、成年後見業務を行ないながら政子さんと生計を一にしていた状況にあったので、政子さんの死亡により相続で取得した A 土地について、小規模宅地の特例を適用して評価し、相続税額を計算しました。しかし、税務署は、「生計を一にしていた」と認めず、小規模宅地の特例は適用できないとして、A 土地の価額について減額処理を認めず更正処分をしました。更に、審査請求をしたところ、国税不服審判所も泰郎さんの訴えを棄却しました。よって、この処分の取消しを求めます。」

■ 第 1 回口頭弁論手続期日

　平成 31 年 4 月 24 日（午前 10 時 45 分〜 10 時 50 分）横浜地方裁判所で、第 1 回の裁判が開かれました。こちらからは、馬渕弁護士、M 弁護士、田中の 3 名。国側は 6 名の弁護士が出席しました。既に、本裁判に関する書面のやりとり（原告側「訴状」、被告側「答弁書」）は事前に行われており、法廷でのやりとりは次回期日の確認が主で、5 分で終わりました。裁判長からは小規模宅地の特例制度の趣旨が分かりにくいので、国側への要請として「工夫して主張して欲しい」との申渡しがありました。

　つまり、泰郎さんの訴状とそれを受けて国側が自らの正当性を主張する「答弁書」が出揃ったところでこの日を迎えたのですが、裁判所はそれらを読んだ上で少し気になったことを話した、それだけの場なのでした。

　通常、税務訴訟の訴状の段階では、実質的な理由までは述べず、国からの答弁を受けて、実質的な反論を展開していくことになります。

　令和元年 6 月 29 日、泰郎さんが癌を発症。裁判をする意志に変わりはない、との決意表明がありました。

■「訴状」に対する国側からの反論

　国は、こちらの「訴状」を受けて、反論書面「準備書面（１）」を提出してきました。そこでは、かなり詳細な説明がなされています。

　先ず、生計を一にしていたかどうかの要件の例として、平成19年7月19日にあった判決を掲げています。納税者（相続人）と被相続人の関係について、食材の購入等は納税者の妻が行っていた事実を前提としつつも、①別居していること②生活費の支出が共通でないこと③被相続人が自ら収入を得て、社会保険に加入していたことをもって、生計は各自独立していたものとし、納税者と被相続人が生計を一にしていたとは認めない、という裁判例です。

　国は、この判決を前提に「生計を一にしていたとは、被相続人と日常生活の糧を共通にしていたことである」とし、それは「少なくとも」と殊更に前置きをして、「居住費・食費・光熱費、その他日常の生活の費用の全部か大部分を共通にしていなければいけない」と定義づけをしました。生計を一ということを、日常の費用を一緒にしていなければならないという極めて狭い解釈に絞り込んだのです。そして、その後で今回の事案を確認していきました。泰郎さんが成年後見人として政子さんの日常の費用の支払業務を一つ一つしていたと認める一方で、泰郎さんと政子さんのお金のやりとりについては口座の出入金記録を持って「全くなかった」としています。

　つまり、日常の生活の費用について泰郎さんと政子さんの家計は区別されており、日常の生活の費用の全部または大部分を共通にはしていない、だから特例の適用は受けられない、と超特急で決めつけました。

　そもそも、類例とした判決は成年後見事案ではないという、根本的な前提条件の違いを無視しているのですから理解に苦しみます。こちらは成年後見制度下でお金のやり取りが出来ないことの特殊性を主張しているのですから、類例とは出発点で異なるのです。泰郎さんが、後見報酬や立替金、日常生活の支援等について請求していなかったことについては、「それらは労務の対価に過ぎない。泰郎さんがそれらを請求しなかったことと、泰郎さんと政子さんが日常の生活の費用を共通にしていなかったことは全く別の話だ」と断じています。

　その上で、政子さんの生活費等の支出状況、及び政子さんと泰郎さんの間での生活費等のお金のやりとりの有無を見ると泰郎さんと政子さんが生計を一にしていたとは認められない、と改めて結論づけています。

ここに、そのすべては挙げませんが、様々なことを長々と羅列しながら、要するに「通帳のお金の動きだけが生計を一要件を決定づける」と言っているのです。国が挙げた無償の日常生活での労務こそ、経済的利益を評価すれば、生計を一要件の為の大きな要素であり、最も重大なお互いの関係性を表すものであるはずなのに、この点を全く考慮せず、見た目のお金の動きだけを主張する国の考え方には納得できませんでした。

■第2回口頭弁論手続期日

　令和元年7月1日（午後1時30分〜1時40分）原告側は馬渕弁護士と私。被告側の国は8人の大集団でした。

　第1回口頭弁論手続期日の後、国側は反論のための「準備書面（1）」を6月24日までに裁判所に提出しており、それを前提に今回の期日は決められていました。つまり、口頭弁論手続期日は、双方が主張文書を提出できる時間を見越して予定されていくのでした。

　当日は、人事異動で裁判官が変わっており、裁判官から泰郎さん側に、国が出

してきた準備書面に対して反論書面を出すよう指示がありました。その際、請求の趣旨と数字的な根拠も明らかにするよう付け加えがありました。また、準備書面を出した国に対しても、超過累進税率の計算過程について補足を要請していました。

次回期日は9月9日、反論書の提出期限は8月30日とされました。裁判期日は、一度始まると同じ曜日になることが多く、次回の期日はお互いに「差支えない」という確認をとって決まり、更にその1週間前までにそれぞれの宿題を文書で裁判所に提出し相手方にも確認させる、という方式をとるようです。

この間、8人も参加している国側の弁護士たちは、何を言うでもなく無表情で座っているだけです。原告と被告が争点について主張し合うような機会はまったくなく、事前に相手方が提出した主張に目を通した上で裁判官が内容について所感を述べている、というイメージです。しかも裁判官の発言は今回のテーマに踏み込んだ内容とはほど遠く、この場でのやりとりによってお互いの主張が明確になっていくという感じは全くありませんでした。

裁判の後、馬渕弁護士と協議し、泰郎さんは事業承継という小規模宅地の特例の適用要件を明確に満たしていることを確信し、成年後見人は小規模宅地の特例を適用することはできないということなのかを問うていこうと確認しました。

泰郎さんにも昔の写真など更なる証拠になりそうなものを捜してもらい、協議していこうということになりました。とにかく、「『生計を一』の解釈がすべてを決める」という方向で戦うことを確認しました。

■ 成年後見人事案であることの特殊性

国側の「準備書面（1）」に対して、私たちは「第1準備書面」で反論しました。先ず大きな論点として、この事件は被相続人が成年被後見人であったという特殊性を考慮すべきである、と掲げました。つまり、泰郎さんと政子さんが生計を一にしていたかどうかを判断するにあたり、このことを抜きには本当の判決は出来ない、ということです。

泰郎さんが父の代から事業に使ってきたA土地は、政子さんから無償提供されていたことで泰郎さんの親族の生活基盤となっていました。泰郎さんが政子さんの成年後見業務を担うことが出来たのも、頼子さんの成年後見人を続けることが出来たのも、A土地を円滑に事業承継出来たからです。まさに、円滑な事業承継を保

護する小規模宅地の特例の趣旨に合致しています。税務上の扶養でこそありませんが、明らかに泰郎さんは政子さん母子を、Ａ土地を使って事業をすることで養っていたのです。

　ところで、生計を一要件については、小規模宅地の特例を規定する租税特別措置法も相続税法も明文化していません。そこで、私たちは所得税法についての判例で生計を一について検討しました。明文にある他の法律の解釈を参考にすることを借用概念といいます。

　昭和51年3月18日の最高裁の判決では、「有無相扶けて、日常生活の資を共通にしていること」を掲げています。つまり、生計を一要件は以下の2点によって判断されるべきです。

　　① 同一の生活単位に属しているか（それぞれが独立した生活を営んでいないか）
　　② 相扶けて共同生活を営んでいるか、ないしは日常の糧を共通にしているか

　しかし、今回、国はこうした生計を一要件について、「日常生活の糧（住居費、食費、光熱費等）を共通にしていたかどうかということだけで判断すべきである」と論点をすり替えました。つまり、「日常生活を相扶ける」ということの意味を全く考慮しませんでした。それどころか、財産分別管理義務を遂行するためには「泰郎さんと政子さんの財布は明確に分けなければならない」という成年後見人事案の特殊性を無視し、「泰郎さんと政子さんは日常生活の費用を共通にしていなかった」としているのです。

　家族間でもお金のやり取りがあれば、お互いの口座に入金することもあるかも知れませんが、成年後見制度の下ではそうしたやり取りは基本的に禁止されているのですから、無くて当たり前なのです。それを、揚げ足を取るように、自分たちの主張の材料にするのですから悲しくなります。

「生計を一」要件を改めて検証してみましょう。
　① 同一の生活単位に属しているか（それぞれが独立した生活を営んでいないか）。
　　泰郎さんは、判断能力のない政子さんの身の回りの世話一切を無償で担ってきました。そもそも、独立した生活単位をもっている人は、成年被後見人になり得ません。つまり、泰郎さんと政子さんは、同一の生活単位に属していました。

② 相扶けて共同生活を営んでいるか。

泰郎さんは、成年被後見人である政子さんの生活のすべてをサポートしているのだから、住んでいる家は別々でも、共同生活をしていたことは明白です。

③ 日常の生活の糧を共通しているか。

日常の必要費はそれぞれ別の通帳から支払いがされていました。それは、成年後見人であるために形式的に財産を別々に管理する必要があったからですが、重要なのはその管理はすべて泰郎さんが行っていたということです。泰郎さんは多くの無償業務を行ない、一方政子さんからA土地を無償で借り続けることで自らの生活を維持し、後見業務を継続できたのであり、日常の生活の糧を共通にしていたのは明白です。

以上の通り、当然ながら生計を一要件を十二分に満たしている、と主張しました。

国は、「準備書面（2）」で、裁判官から追加説明を求められていた相続税の総額について詳しい計算過程を提出しました。

■ 第1回弁論準備手続期日

令和元年9月9日（午前11時30分〜）出席者は原告・馬渕弁護士、被告・3人。この日は私が欠席し、原告側の出席は馬渕弁護士1人となりました。

こちらが事前に提出した「第1準備書面」と一部証拠書類の確認、国側からは反論の補足として「準備書面（2）」が提出されました。裁判所から争点を尋ねられ、馬渕弁護士は「生計を一の要件のみが争点である。特に成年後見が開始されている場合の生計を一の解釈が正しく行われる必要がある」と述べました。「遺産の評価や税額の計算については、まったく争うところはない」ことも付け加えています。

裁判所は「成年後見人であることも視野に入れた生計を一要件の解釈について判断する」と言い切ったので、いよいよ論点は明確になっていくはずでした。これを受けて、国側は11月8日までに反論書を提出すると述べ、次回の期日は11月19日となりました。

■ 時代遅れともいえる国の「生計を一」の解釈

国は「準備書面（3）」で、生計を一要件について一つ一つ反論をしてきました。

私たちの生計を一の解釈は間違っている、というのです。私たちが昭和51年最高裁の判決を参考事案として取り上げ、そこでいう「日常生活を相扶ける」ことが国の主張では考慮されていない、と指摘したことについては、次のような説明でした。「所得税の判決を相続税の事案に持ってくることは間違っている。」

　しかし、そもそも相続税での生計を一の判断は所得税の扱いを基本にしているのですから、奇怪な話です。その上で「日常有無相扶ける関係とは、経済的側面の結びつきに過ぎない」と述べ、更に別の判例も挙げながら「消費段階において同一の財布の下で生活し、有無相扶けて日常生活の資を共通にしていたことを言うべきである」としています。したがって、経済的結びつきのないところで日常生活において相扶けていたとしても、生計一を判断する際には意味を持たない、と結論づけました。

　ここに出てきた財布の捉え方は、この後、高裁においても大きな争点となっていきました。とにかく、国は目に見えるお金の出入りだけが「財布」の意味するところであるとし、財布の管理者が誰なのかや、無償労働の有無などは、一切無視しています。また、判例では、納税者と親族が同一の家屋に起居している場合を生計を一にしていると取り扱うとしているので、今回のように別居している場合にはそもそも当てはまらない、としています。同じ屋根の下に一緒に住みお金の負担は家族皆が一緒、という昭和の時代の家庭を前提にしており、実際に誰が誰の世話をしているのかということには、まったく関心が無いのです。亡くなった被相続人の世話を一人で受け負った嫁に法定相続分がまったくないのと同じ視点を感じます。

　しかし、私たちは「同居しているかどうかだけで、生計を一かどうかを判断されては困ります」と訴えているのです。泰郎さんは、別々の建物に暮らしていたとしても、亡くなった人の世話を一身に、しかも成年後見人という法的立場で、つまり、定められたルールに則って、背負ってきたのです。そのような泰郎さんを、そのルール故にお金の負担を一緒にすることが出来なかったことを持って「生計を一要件に当たらない」とするのは、理論的にも矛盾している、と訴えているのです。

　泰郎さんは別居していることを前提に生計を一であることを主張しているのですから、まったくかみ合った話になりません。こちらは、あくまで裁判で取り上げられた客観的事実での類似性を提起しているのに、短絡的な決めつけをされるのはいかにも心外です。加えて言えば、成年後見人事案での生計を一要件が争われた前例がないので、国の言葉を借りれば、判例を使うこと自体意味がないことになります。その上で、私たちが求めているのは、あくまで日常生活の糧を共通にしていた

かどうかの具体的判断に尽きると述べているのです。

　国は、「同一の生活単位に属しているかや、相扶けて共同生活を営んでいるかなどは、考慮する必要はない」と繰り返します。居住費、食費、光熱費など日常の生活に係る費用の全部又は大部分を共通にしていた関係ではない、と。また、それ以外に泰郎さんが負担した費用や無償労働については、「そのような主張を裏付ける根拠はなんら示されていない」と開き直るのですから驚きです。

　また、「同居していても財布を別にしていれば生計一とは言わないし、別居でも日常の主要な費用を負担していれば、生計を一と認める。成年後見人事案かどうかは関係ない」と胸を張って言うのです。そんなことは当り前のことで、今さら言う理由はありません。私たちが主張してきたことをどう考えているのでしょう。そこにある真実に、まったく目を向けようとしない国の姿勢には、言葉もありません。

　今回のようなことは、現在の日本ではいくらでも生じる可能性があり、国の示している考え方では生計を一の要件は形骸化してしまうことを危惧します。

生計を一要件とは直接関係ありませんが、国は、泰郎さんが父から大工業を事業承継したことについても、「政子さんからの事業承継ではないので今回の小規模宅地の特例の適用の有無の争いにおいては意味のない主張だ」と切り捨てています。

■ 第2回弁論準備手続期日

令和元年11月19日（午前10時30分〜）出席は、原告・馬渕弁護士、被告6人が出席しました。

被告の国側は「準備書面（3）」と証拠書類を提出しました。

裁判官から泰郎さん側に、罰金である過少申告課税に関する主張をするかどうかを聞かれました。論点とはかなりズレた確認です。また、被告の国側にも小規模宅地の特例の要件について細かい点について明らかにするよう確認がされました。

令和2年1月6日、泰郎さんのご親族から電話があり、泰郎さんが亡くなられたとの報を受けました。

昨年から闘病されていたことは知っていましたが、こんなに急にとは驚くばかりでした。お通夜の席で、泰郎さんの奥様とお子様3人と話をしたところ、奥様は力強く「裁判を継続する」と言ってくださり、お子様たちも私たちに任せると発言されました。裁判は継続となりました。

第2回弁論準備手続期日の後、「第2準備書面」で、今回の裁判は、成年後見事案という特殊性を前提として考えて欲しいと、私たちは繰り返しました。国のいうような形式的な判断基準では、財産分別義務、報告義務のある成年後見人事案には対応できません。

成年後見人事案について、国の言い分に沿って考えてみましょう。例えば、被相続人にお金がなければ相続人から生活を支援するお金が拠出され、生計を一要件は満たされます。一方、被相続人に財産がある場合は、財産分別管理義務から被相続人の生活費は被相続人の財産から支払わなければならないという決まりがあり、相続人が被相続人に対してお金を拠出することはないので生計を一要件は満たさなくなります。これでは相続税の小規模宅地の特例を使えなくなるので、相続人である立場の人は恐くて成年後見制度は使えなくなってしまいます。

一方、国は「準備書面（4）」で、裁判所から求められた内容について回答しました。小規模宅地の特例の沿革について、細かく説明をしています。要するに、事業用の土地については、被相続人と生計を一にしていた相続人が、相続開始前からその土地で事業をしており相続後も事業を続けていれば、小規模宅地の特例は認められる、ということの確認です。

　また、国は、過少申告加算税の扱いについて反論しています。

■第3回弁論準備手続期日

　令和2年1月21日（午後2時〜）原告は馬渕弁護士と私、被告の国は6人出席。

　この日は法廷ではなく、円卓での話となりました。裁判官が、前回被告に対して説明を求めた小規模宅地の特例の趣旨である担税力の減少と事業継承の保護との関連性、また、それらの趣旨と土地を引き続き保有すること、事業の用に供していることとの関連について尋ね、国は税法どおりの回答をしました。

　生計を一要件とはほとんど無関係のやりとりであり、隔靴掻痒の感がありました。また、こちらが出した「第2準備書面」について、被告は反論するということになりました。なお、泰郎さんが亡くなったことで、奥様が訴訟承継するための申立をすることも確認しました。

　この時点での馬渕弁護士の観測として、「国側は担税力の有無を小規模宅地の特例の趣旨として主張し、事業承継については重要性のないものとしようとしている。事業承継の争いになった方が、こちらは有利になる気がする」とのことでした。裁判官は生計を一と成年後見人の関係の核心には触れようとしないので、税務署の主張してきた生計を一に関する通達の通りの結論になるのではとの懸念もありました。

　第3回弁論準備手続期日の後、国は「準備書面（5）」で、今回の相続税について課せられる罰金である過少申告加算税は、正当な理由がないので当然課すべきである、と主張しました。

■第4回弁論準備手続期日

　令和2年3月16日に予定されていた第4回弁論準備手続期日は、新型コロナウイルスによる緊急事態宣言の発令で延期になりました。

延期後、私たちは「第3準備書面」でＡ土地についての説明をし、国側からは「準備書面（6）」が提出されました。

令和2年9月9日（午前10時30分〜）、新型コロナウイルス蔓延による緊急事態宣言が発令されたため延期になった「第4回弁論準備手続期日」は、この日ようやく再開となりました。原告・馬渕弁護士、被告・6人。

お互いにそれ以上の主張はないので、弁論は終結し、12月2日に判決、となりました。

結局、最後まで成年後見人の役割や特殊性について裁判官から確認されたり、疑問点を指摘されたりすることはありませんでした。

■ 地裁判決 ―棄却―

令和2年12月2日、馬渕弁護士から敗訴の連絡がありました。

「判決」（横浜地裁）の要旨は次のようなものでした。

1. 判断の前提として、次の点を認めている。

　　本庄泰郎さんが相続した土地を事業の用に供していたこと。

　　したがって、特例の適用の判断にあたっては、生計を一にしていたとの要件に該当するか否かが問題である。

2. 小規模宅地の特例の趣旨

　　生計を一要件が認められるためには、被相続人と相続人が日常生活の糧を共通にしていた事実を要する。特例の趣旨は、担税力の減少への配慮にあるからである。

3. 泰郎さんの場合についての判断

　① 水原政子さん名義の預金口座には、泰郎さんとの間での出入金は見当たらない。出納帳上にも、泰郎さんからの現金の出入金がない。

　② 泰郎さんが、政子さんから経済的援助を受けていたことは窺われない。

　③ 泰郎さんと政子さんは、同居していない。

　④ 所得税の確定申告で、泰郎さんは政子さんを扶養親族にしていない。

生計一要件を満たしていない！

　　　　よって、日常生活の糧を共通にしていたとは言えず、生計を一にしていたとは認められない。

4.　生計を一要件について裁判所独自の判断
　　①　小規模宅地の特例の趣旨は担税力の減少に配慮した点にあるので、生計を一要件に該当するためには、泰郎さんの事業によって泰郎さんのみならず政子さんの生計が維持されている必要がある。
　　②　泰郎さんが成年後見人としての報酬を得なかったことや、生活上の必要費を自己負担で行ったことは、担税力を減少させるレベルではなく、それをもって生計を一要件を主張する資格はない。
　　③　泰郎さんは大工業を政子さんから引き継いだわけではない。政子さんからの事業承継ではないので、小規模宅地の特例の適用は適切なものとはいえない。

5.　判決
　　よって、泰郎さんは、生計を一要件を満たしていないので、小規模宅地の特例を受けることは出来ない。

　　敗訴後すぐに泰郎さんの奥様に連絡し、控訴をすることで合意しましたが、12

月7日になって奥様から「精神的にも、金銭的にも負担を感じるので止めたい」との連絡が入りました。

　裁判というものは独特で、想像がつかないほどのストレスが当事者にはあるものです。私は奥様に、金銭的負担は一切かけないこと、実際にこれ以上不利益になることはないので高見の見物をしていてくれればいい、と話しました。また、新しいバックアップ態勢を作って進めることも伝え、控訴することを了解していただきました。既に馬渕弁護士には、新たに税の専門家に加わってもらうことを確認していました。

　12月8日、馬渕弁護士に泰郎さんの奥様の意向を伝え、控訴に踏み切る確認をしました。

高等裁判所への控訴

■ 控訴へのプロローグ

　高等裁判所に控訴をすることになった本庄泰郎さんの事案は、極めてシンプルな争いです。泰郎さんは、判断能力や生活能力を失った養母の水原政子さんに対し、成年後見人として様々な生活の世話をしてきました。その二人が生計を一の要件を満たしていたと認めるかどうかということであり、国は、それを認めないといい続けています。

　生計を一という概念は、国会で議論されたことは無く、従って法制化されておらず、行政が定めた通達で判断されるという頼りないものです。

　国税通則法基本通達において、「生計を一にする」とは納税者と「有無相扶けて日常生活の資を共通にしていること」と規定されています。また、法人税基本通達においても生計を一にすることについて、「有無相扶けて日常生活の資を共通にしていることを言うのであるから、必ずしも同居していることを必要としない」としています。これ以外に税法の運用上、生計を一にしているということを特段説明している記述はなく、生計を一にしていることについて解釈をする場合、この行政通達を参考にしながら考えることになります。

　ここでいう日常生活とは、「食事・排泄・着脱衣・入浴・移動など」の日常生活動作（『広辞苑　第六版』）を行う日々のことと判断できます。また、資とは「①もと。もとで。財貨。財産。②もとで・力などを与えて助けること。」（『広辞苑　第六版』）と解釈されています。そうすると、生計を一にするということは、単に納税者と誰か（以下、相手方といいます）が生活するための金銭を負担し合う関係にあったかどうかということではなく、納税者と相手方が日常生活においてそれぞれに力を与え助けることを経常的に行っているかどうかに判断基準を置く必要があることがわかります。金銭の負担は、有無相扶けの具体的現象の一つに過ぎず、本当に生計を一にしていたかどうかを判断する場合には、お互いが助け合う関係にあったかどうかという基準が前提になります。

今回の裁判は、税法上非常に曖昧な「生計を一」を、いかに証明するか、ということに尽きるのです。生計を一と似た言葉に「扶養」があります。扶養という考え方は、税法上明確に定義されています。扶養される人の年間の所得は48万円以内でなければならないので、税法の中では扶養されているかどうかは極めてシンプルに判断できます。しかし、生計を一にしていたかどうかということは、それを証明するのに大変な労力を要することになります。

　生計を一であることをどのように証明するかについて、行政は所得税基本通達2-47で次のように言っています。「親族が同一の家屋に起居している場合には、明らかに互いに独立した生活を営んでいると認められる場合を除き、これらの親族は生計を一にするものとする」つまり、同居していれば基本的に生計を一にするものになるという、前時代的基準を示しているのです。この基準が結果的に、「別居の場合は生計を一にするものとはしない」と判断されることになり、今回のように別居している場合大きな足かせになってしまったのです。

■ 私たちの「生計を一」解釈

　そうした中で、馬渕弁護士の師である三木義一弁護士が、生計を一にしていたことを証明するために、「意見書」を書いてくれることになりました。これは、画期的なものでした。税務訴訟における第一人者である三木弁護士に力添えをしてもらえることは、大変心強いことです。合わせて税理士の立場から鹿田良美先生にも意見を貰えることになりました。

　三木先生は意見書で、生計を一というのは一般市民でも使う概念であるので、税法の解釈としても一般の常識にかなった解釈でなければおかしい、と指摘しています。つまり、第一審では「泰郎さんと政子さんは居住費、食費、光熱費その他日常生活の費用に係わる主要な部分を共通にしていた関係にはなく、日常生活の糧を共通にしてしたとはいえず、生計を一にしていたとは認められない」と言っていますが、生計を一は一般的にはもっと広義で、いわゆる財布が一つのような関係で日常生活の中でお互いが相扶けていることを指すと強く反論しています。

　また、そもそも生計を一という要件は、所得税において家族間で所得を分散させることを否定する論拠として課税側が持ち出す基準であり、相続税のような資産税の問題に当てはめるのは理解に苦しむとし、「第一審は出発点を間違えている」と断じました。

「生計を一」という概念は、戦後まもなく、いわゆるシャウプ勧告により所得税が世帯単位から個人単位に切り替わったことで、それを悪用する要領のよい納税者への対策として導入されたものです。要領のよいとは、納税者が自分の事業収入に対する経費として家族に賃金を支払うことで、所得を減らそうとすることです。

　つまり、父親一人が稼ぎ家族全員がその稼ぎで生活する、という古典的家族像の中での概念であり、その後の社会で家族の在り方が変化し家族がそれぞれ独自に稼ぐようになっても、家族のためにその稼ぎを供出し誰かがそれをまとめて管理し支出しているような場合は生計を一とされてきたのです。

　大きなポイントは、課税庁が、「財布を一つにして生活をする」という大きな枠組みで長年所得課税をしてきた、ということです。つまり、生計を一は納税者への課税強化のために使われてきたキーワードでした。それが、今回は生計一を広く解釈すると課税に不利になるとみるや、突如ご都合主義的に狭い解釈に転じたのです。

　所得課税では、同居であれば余程明確な区分がなされていない限り、生計を一であると（国に）認められてしまいます。それは、各自に独自の収入や支出があったとしても、基本的には世帯主の財布の中で生活している関係と言えるからです。このような場合、それぞれに独自の収入があって一定の所得を得ていれば税務上扶養の関係にはなれません。しかし、その場合でも、例えば父親が個人事業をしていて子に給料を払うようなことは、生計を一にしている為に出来ないのです。

　一方、親子であっても同居していなければ、独自の収入があり独自の判断で処理している場合には、もはや生計を一とは言えません。まさにそれぞれが自分の財布で生活している関係だからです。

　三木先生の意見書のポイントは、自分の財布と言えるためには、自分のお金を自分で判断して自分で支出していなければならない、ということです。今回、国にも一審判決にも、この視点が欠けているというわけです。

　もし、政子さんに判断能力があれば、泰郎さんとの関係は生計を一とは言えなかったでしょう。政子さんの判断能力が失せ、同居していた娘の頼子さんにも判断能力がなかったからこそ泰郎さんが成年後見人に就任し、二人の代りに財布を一元管理して二人の面倒を見て来たのです。つまり、泰郎さんは、政子さん母子の生活のために必要な支出をし、労務も無償で提供していたのです。

　成年後見制度との関わりで、財布の中に形式的な仕切りはありましたが、支出するのはすべて泰郎さんであり、政子さんには支出する能力は全くありませんでし

た。成年後見が開始決定されるということは、裁判所が医師の診断書に基づき、被後見人である政子さんは日常生活を営む能力がないという前提で政子さんの行為を制限するのです。政子さんが自立的に一家の生活を維持していくための家計を担うことが出来ないので、自分の資産である生活基盤を後見人に維持してもらうということです。そして、こうした関係こそ、生計を一にしている、ことに他ならないのです。

　政子さんの口座が泰郎さんの口座と別に管理されており、そこからそれぞれの生活資金が出ているから財布は別であった、と一審は言っていますが、その口座をすべて管理していたのは泰郎さんであり、政子さんは手出しが出来ませんでした。一審の考え方では、後見事案はすべて生計を一の要件を満たすことは出来なくなる、と三木先生は主張します。

　三木先生は、経済的利益の点にも言及しています。

　泰郎さんが、本来有償である後見人業務の報酬を一切受け取らなかったのは家

族を支えるために他なりません。政子さん母子の日常生活のための買い物などを
ずっと続け、それに係るガソリン代など諸経費も負担してきたのは、受け取るべき
費用負担額を自分が受け取らずに、それを政子さんに与えたということに他なら
ず、政子さんの財産を保全する役割を果たしたのです。

それは、まさに国のいう日常生活の糧を共通にしていた関係であり、生計を一にし
ていたからに他なりません。

　最後に、三木先生は「原審判決はあまりに杜撰」と断じ、このような判決が確
定すると裁判所の社会的信用も失われかねないと、高裁に社会正義にかなうような
審議を求めました。

　三木先生の「意見書」を受けて、馬渕弁護士は「控訴理由書」を作成し、令和3
年2月15日東京高等裁判所へ提出しました。

　「控訴理由書」は、その名のとおり、私たちが何故控訴をするのかを説明する文
書であり、当然ながら原判決（地裁による一審判決）を強く批判する内容になりま
した。馬渕弁護士は、本件控訴の争点を「成年後見人事案における小規模宅地の特
例の、生計を一要件の解釈・適用のみである」と言い切りました。成年後見人と成
年被後見人との関係の中で、その特殊性を考慮して生計一要件を考えて欲しいと訴
えたのです。

　私自身は論点整理として、次のようにまとめをしました。
1.　　税務上、生計を一にすることと扶養をすることとは異なる概念である。
　　　　扶養の是非は所得税法上扶養される者の合計所得金額が48万円以内に限
　　　定されており、客観的に確定できる。一方、生計を一にすることには具体的
　　　な法律の規定はない。今の日本社会を鑑みると、複数の肉親が一つの家に住
　　　んでいることをもって生活・くらしをともにしているという従来の考え方を
　　　基本に生計を一にしていると決めつけることでは、正確な判断は出来なく
　　　なっている。「生計とは暮らしていく方法」と捉えた時、暮らすための財源
　　　たる財布を一元的に管理する者がいて、その者の下で家計が営まれているな
　　　らば、その構成員の関係はまさに生計を一にしているということになる。
　　　　今回は、泰郎さんが成年後見人として、その管理を誠実に担ったもので
　　　ある。
2.　　相続税と所得税において、生計を一にするという基準は同じであるべきで

ある。

　そもそも課税庁は所得税では生計を一にする基準を納税者不利の判断基準として濫用しているのに、今回のように相続税では厳格に生計を一要件を納税者に課し、特例の適用を認めないことには大いに違和感がある。

　泰郎さんは後見人であったので、自らが管理している被相続人の財布からお金を安易に使うことは許されなかった。また、どうしても生活費を被相続人から分けてもらわなければならない経済上の必要性もなかった。その事実をもって生計を一でないと判断することは、本特例の意義に照らすと大いに矛盾がある。

3.　相続人と被相続人が、お互いに生活資金を分かち合うことのみをもって特例を認める要件とすることは、制度趣旨からも不合理である。つまり、両者が扶養関係にないところで一方が成年後見人になった場合、この特例制度は使えなくなってしまう。また、成年後見人と成年被後見人が生計を一にすることは、同居していない限りは事実上できなくなってしまうことになる。

■「控訴理由書」と「答弁書」、それぞれの主張

　私たちが提出した「控訴理由書」に対して、令和3年4月19日、国側は「答弁書」を提出してきました。

　ここからは、「控訴理由書」に対し、国がどのように答弁したのかを見ていきましょう。論点ごとに「控訴理由書」と「答弁書」を対比していきます。

（1）成年後見事案としての特殊性
「控訴理由書」（原告・泰郎さん側、以下「原」）

　　原判決は、泰郎さんと政子さんの間において、現金、預金の出入金がないことを、ことさら強調して生計を一要件を否定した。

　　しかし、成年後見制度の中で、成年後見人による横領が多発した昨今、家庭裁判所は成年後見人に対し、成年被後見人の財産の分別管理を厳しく指導、要求している。本件も、政子さんに蓄えがあったことから、泰郎さんは自らの財産と政子さんの財産をしっかり分別して管理せざるを得なかった。政子さんと泰郎さんの間に出入金がなかったのは、本件が成年後

見人事案である以上、当然のことである。

「答弁書」（被告・国側、以下「被」）

　　泰郎さんが政子さんの財産を分別管理していたという事実だけを理由として、政子さんと泰郎さんが日常生活の糧を共通にしていなかったとするものではない。泰郎さんが、政子さんの日常生活に係る費用の全部又は主要な部分を負担していたならば、日常生活の糧を共通にしていたと充分判断し得るものである。

※原告の立場からこだわりのメモ

　　成年後見制度では、成年後見人と成年被後見人の財産は混同できないという基本的なルールがあることで、資金管理の報告上金銭的な面で区別を明確にするため泰郎さんと政子さんの間でお金の負担が起きることはありません。当然、扶養関係もありません。国側は生計を一と扶養とを混同しています。生計を一要件は、もっと幅広い解釈で行うべきなのです。

(2)　生計を一要件の解釈について

「控訴理由書」（原）

　　生計を一としているか否かについて、同居している場合は余程明確な区分がなされていない限り生計が一と解される。各自に多少の独自の収入や支出があったとしても、基本的には世帯主の財布の中で生活している関係と言えるからである。同居をやめ独自の生活を始めた場合でも、扶助義務に基づく資金援助などが行われている場合には世帯主の財布の中で生活していることから、生計は一つと解される。

　　親子であっても同居していない場合、独自の収入があり、それを独自の判断で処理していれば、もはや生計を一にしているとは言えない。それは、各々が自分の財布で生活している関係だからである。自分の財布と言えるためには生計について自分で判断し、自分で支出することが必要である。それは実質的に考えるべきことであり、単に財布の名義（形式的な所有名義）のみで形式的に判断するべきではない。

　　同居していない本件における生計を一要件は、財布が一つの状態と言え

るのかどうか、言い換えると生計（暮らしを立てていく方法・手段）につき、独自の収入がありそれを独自の判断で処理しているか否か、で判断されるべきである。

「答弁書」（被）

　　泰郎さんと政子さんは、後見開始前から一貫して日常の生活に係る費用の全部、または主要な部分を共通にしていた関係（いわゆる、財布が一つの状態）になかったことは明らかである。したがって、あたかも本件後見の開始によって財産管理義務が生じたがために、生計を一要件を満たさなくなったかの如く述べるのは、その前提から理由がない。

※原告の立場からこだわりのメモ

　　「財布が一つ」という考え方について国側の解釈がほとんどありません。泰郎さんが一元的に財布を管理していた事実をどう捉えているのか分かりません。

　　そもそも、泰郎さんが後見開始前から日常的に政子さんの生活に係る金銭他、様々な負担をしていたことは事実です。ただし、それを「扶養関係にある」とは主張していません。さらに、成年後見人になってからの状況はそれ以前とは全く異なります。それは、政子さんが判断能力を喪失したことであり、だからこそ泰郎さんは成年後見人とならなければならず、政子さんの財布の管理をする必要があったのです。

　　今回の論点は、相続時点において泰郎さんが政子さんと生計を一にしていたか、ということです。成年後見人となったことで、泰郎さんは後見開始前とは比較にならない労務を日常的に受け持つことになったのであり、それを無償で務めたのは生計を一であったからだ、と述べているのです。財布が一つということは、それを示す顕著な例と言えます。

　　国側はこの点について、成年後見開始前から泰郎さんと政子さんがお金をやり取りしていなかったことを一つの根拠として、後見開始後も同じ状態にあったと一方的に決めつけ、成年後見人事案であることを無視して、財布は一つということと向き会おうとしません。残念な限りです。

(3) 生計を一要件のあてはめ

「控訴理由書」（原）

　　政子さんは、食事摂取や排泄は自立しているものの、買物を含む食事の準備は出来ず、トイレや室内の清掃も出来ず、自宅はゴミ屋敷と化し、誘導や介助がないと外出も出来ない状況に陥っていた。そこで、泰郎さんが政子さん母子の生活援助・生計管理をすべく、二人の成年後見人に就任したのである。

　　泰郎さんは、同居こそしなかったが、食料や日常品の買物、食事の準備や後片付け・ゴミ出し・部屋の清掃など、政子さん母子の共同生活におけるほぼすべての家事・外出付添などの生活援助、更には政子さんの収入源である駐車場の管理、外部（行政・病院・業者）との応対・折衝のすべてを担っていた。

　　また、政子さんは金銭管理が出来なかったことから、事業収入や家計の管理もすべて泰郎さんが担ってきた。そして、泰郎さんはこれらの膨大な後見業務を無償で行ってきたのである。のみならず、ガソリン代などの後見業務遂行に係る必要費も、政子さんに一切請求していない。泰郎さんが政子さんに対して、それらを請求しなかった事実も、泰郎さんと政子さんの生計が一であったことの何よりの証拠である。家計とは、一家の生活を維持していくことを意味する。泰郎さんの判断で政子さんの家計が一元管理されていた事実は明らかである。

「答弁書」（被）

　　　回答なし

※原告の立場からこだわりのメモ

　　泰郎さんが成年後見人になったことによってしなければならなくなった具体的な事柄や、もらうべき経済的利益を一切受けていないことについて全く言及していないのは、示すべき具体的反論内容を国が持ち得ていないからだと思われます。

(4) 原判決の規範を前提としての決定的誤り

「控訴理由書」（原）

泰郎さんは、少なくとも年間60万円を超えたであろう後見業務報酬を受け取っておらず、後見業務に伴うガソリン代などの必要費を請求していなかった。税法の通常の理解からすると、泰郎さんは政子さんから相当額を受け取った後、それを政子さんのために拠出したものと解され、まさに居住費、食費、光熱費、その他日常の生活の費用を共通していたことを示すものであり、生計を一の要件を満たしている。

「答弁書」（被）

全くこの点に向き合っておらず、何の反応もなし。

※原告の立場からこだわりのメモ

生計を一要件の根幹となる「日常の生活に係る費用の全部又は主要な部分を共通にしていた関係」を具体的に示すもので、不利になることは取り上げようとしない国側の態度が明らかです。

(5) 扶養について

「控訴理由書」（原）

生計とは暮らしている方法、手段を意味する。単に財産の所有権や帰属の問題ではなく、お互いの財産を混同することが生計を一の本質ではない。あくまでも、生計（暮らしを立てていく方法、手段）を中心に捉えるべきである。（扶養とは全く違う考え方のものである。）

「答弁書」（被）

泰郎さんは、後見開始前から相応の収入があり、政子さんから経済的な援助を受けていない。政子さんは、後見開始前から所得税の確定申告において、泰郎さんを扶養親族としていない。つまり、扶養親族ではなかったので、財布が一つの状態になかったことは明らかである。

※原告の立場からこだわりのメモ

「扶養すること」と「生計を一にすること」は税法上全く異なる概念であるにもかかわらず、国側は強引に同じ事とみなし、日常生活での経済的

利益のやりとりがないことを根拠として、生計を一にしていないと決めつけています。成年後見の特殊性も無視しています。

(6) 後見の開始前と開始後
「控訴理由書」（原）
　　　　特に触れず。

「答弁書」（被）
　　　　泰郎さんと政子さんは、後見開始前も同居していない。政子さんの収入や支出の状況は、後見開始の前後で、大きく異なってはいない。泰郎さんは、後見開始前から政子さんと税務上扶養親族ではない。
　　　　よって、泰郎さんと政子さんは、後見開始前から一貫して、日常の生活に係る費用の全部又は主要な部分を共通にしていなかった。

※原告の立場からこだわりのメモ
　　　　まさに、国側はこの点を結論として生計一を否定しています。
　　　　確かに、泰郎さんは自己の収入があり、政子さんから援助をもらって生活する環境にはなく、政子さんも自己の資産で十分に生活することが出来ていました。しかし、後見開始前からずっと、泰郎さんは政子さん母子の病院通いや家事の世話をしてきており、それに係る必要費を負担しています。その代わり、泰郎さんの事業の源泉となるＡ土地を政子さんから無償で使用させてもらっており、相扶けている関係は決して否定できないものです。
　　　　仮に、それを重要視しなくても、後見が必要になったことこそ、後見開始前とは段違いな負担が泰郎さんにかかっていたことの証左です。つまり、後見開始直前には、政子さん母子は自分たちで預金を引き出したり、いろいろな支払いをしたりすることが全く出来なくなっており、泰郎さんが代行せざるを得なくなっていました。家事のあれこれも加え、泰郎さんが責任行為として行わなければならないことは急増していました。

　　　　特に、政子さんと泰郎さんの間の金銭的やりとりが、後見前のように事

務手続きなしには出来なくなったことは、一般論で言えば、大きな問題点になるはずでした。しかし、そもそも泰郎さんは、政子さんから金銭をもらうことは日常的になかったので、後見開始後も自腹を切った分を返してもらうことが全く出来なくなっただけのことでした。

　もし、後見開始後でも泰郎さんが政子さんの通帳からお金を自由に出し入れ出来たならば、泰郎さんは自分が負担したもので領収書のないもの、更に泰郎さんの労務費に相当する金銭を政子さんの通帳から引き出していたはずです。つまり、後見開始前と開始後を比較することは全くナンセンスであり、裁判所もそのくらいのことは理解してくれると思っていました。

　以上のように、国は私たちが一審の判断の誤りや論点を具体的に整理したことについて全く向き合おうとせず、一審の時と同じことを繰り返して言うばかりでした。6人もの担当者が時間を使って、まともに答えることが出来ないのですから、呆れる他ありません。

　このやりとりを見た高等裁判所は、どのような見解を示してくれるのかと期待したのですが……。

■ 第1回口頭弁論手続期日

　令和3年4月19日（午前11時15分〜）東京高等裁判所。原告は馬渕弁護士、被告の国は4人。裁判官から今後の進行について両者の思惑を確認する程度で、10分ほどで終了しました。

　国の「答弁書」についても、裁判官は何も言及せず、馬渕弁護士の見立てでは弁論を終結したがっているようであったそうです。

■「答弁書」に対する反論

　裁判所の無反応に戸惑いながらも、私たちは国側の「答弁書」の矛盾に対して徹底的に反論を試み、令和3年5月21日、国の反論の誤りを訴える抗議文「控訴人第1準備書面」を提出しました。馬渕弁護士主筆の下、三木弁護士、鹿田税理士、そして、私（以下、裁判チームといいます）が何日も検討を重ね作り上げた一つの作品と言えます。

今度は、こちらの「意見書」に対して反論した国側の「答弁書」に対しての私たちの反論「控訴人第1準備書面」を、被告・国側と原告・泰郎さん側の問答形式で見ていきましょう。こうして見ると、私たちの主張を国側が正面から受け止めてくれていないことが浮き彫りになってきます。

（被告・国側、　以下「被」）
　　　本庄泰郎さんが水原政子さんの日常生活に係る費用の全部または主要な部分を負担していたならば、その財産を分別管理していたとしても、二人は日常生活の糧を共通にしていたと十分判断することは出来ますよ。
　　　あなたたち（控訴人）は、「政子さんには独自の収入はなく、独自の判断で家計を処理する能力もまったくなく、すべて泰郎さんに依存していたのだから、二人が生計を一の要件を満たすことは明らかである」と言っていますが、それは成年後見の必要性を言っているだけであって、財布が一つの状態であることを明らかにするものとは全然違います。だから、あなたたちの主張は話になりません。

　この、上から目線の一方的な物言いに対して、私たちは活発に主張していきました。

（原告・泰郎さん側、以下「原」）
　　　そもそも成年後見人を必要とするのは、成年被後見人に財産があり、成年後見人がその財産を管理する必要がある場合がほとんどです。国側が、成年後見人に財産がない場合を例として挙げることは、そもそも不適切です。
　　　今回のケースにしても、政子さん（成年被後見人）が土地を持っていたからこそ小規模宅地の特例を使うという話も出てきたのです。全く設定が違う、しかも非常に稀な、成年被後見人に財産がない場合を例に挙げていること自体おかしいのではないですか。

（被）
　　　私たちは、泰郎さんと政子さんが「成年後見前から生計を一の関係には

なかった」と言っているのです。だって、政子さん名義の口座には、後見開始前においても泰郎さんとの間の出入金は見当たらないんですよ。

（原）

　　それこそ大事なポイントです。二人の口座間で出入金がなかった事実こそ、生計を一要件を満たす重要な証拠です。政子さんが認知症を患い判断能力を失いつつあったので、政子さんと知的障碍のある頼子さんが自宅で一緒に生活していけるようにと、泰郎さんは支援を続けていました。そうした日常生活の支援において、泰郎さんが生活費を支出したり、立て替えをしたりしてもいちいち精算などしなかった事実こそ、財布が一つであったこと、すなわち生計が一であったことの決定的な証拠です。
　　政子さんの衰えとともに、こうした日々の立替金が政子さんに精算してもらえずに泰郎さんの自己負担になってしまうことがどんどん増えていくと予想されましたが、泰郎さんは政子さん名義の預金に勝手に触ることは出来ません。だからこそ、泰郎さんが通帳を管理出来るようにするために成年後見制度の活用が必要になったんです。

（被）

　　泰郎さんは、後見開始前からちゃんと収入があり、政子さんからの経済的な援助を受けていたわけではないでしょう。政子さんの確定申告でも、泰郎さんを扶養家族とはしていないじゃないですか。

（原）

　　どうもピントがズレていますね。そんな前のことは今回の件には何の意味も持ちません。政子さんは、認知症が悪化するまでは、ちゃんと独立した生計を営んでいました。けれど、正常な判断が出来なくなったので、それを案じた泰郎さんが後見開始を申し立て、後見業務を行ったんです。
　　そもそも、生計を一要件を判断するのは相続開始の時点でのことでしょう。相続開始時に双方の家計がそれぞれ別個のものとして独立し、各当事者により営まれていたといえるかどうか、ということを見るのが今すべきことでしょう。何故、まったく関係のない後見開始前のことなど持ち出すのですか。

加えて、あなたたち（国）は泰郎さんが所得税法上政子さんの扶養家族ではないことを理由に「経済的援助を受けていない」と断言していますが、所得税法の扶養家族と生計を一要件にはなんら関連性はなく、まったく的外れな指摘です。扶養家族でなくても、日本中の無数の家族が様々な形で助け合って生きているのをご存知でしょう。税を司る側のくせに、扶養家族と生計を一の家族を混同しないでください。

（被）

　泰郎さんと政子さんは、同居していないですね。

（原）

　そのことにどのような意味があるのですか。泰郎さんと政子さんが別居しているから生計を一要件を満たさない、というのですか。「同居していれば原則生計を一とみなす」からといって、別居している事実をもって生計を一要件を否定することはできないはずですよ。理屈になっていませんよ。

（被）

　泰郎さんが後見開始前に政子さんの扶養親族であった、とは考えられないんですよ。

（原）

　相続開始の時点で、政子さんと泰郎さんが独立した生計を営んでいたか否かだけが問題なのですから、まったく関係のない何年も前の話を繰り返すのはもう止めてください。そもそも、今回の争いには、一方が他方を扶養していたかどうかは、関係のない話のはずです。

更に続いて、控訴人である泰郎さん側は改めて反論をしました。

（原）

　国や一審判決は、生計を一要件について、日常生活の糧を共通にしていた事実を要すると考えて、①泰郎さんと政子さんの間で出入金の事実があ

るか②政子さんから泰郎さんに経済的援助があるか③泰郎さんが政子さんを扶養していたか、という偏った解釈を根拠に話を続けていますが、今回私たちが最優先で訴えている成年後見事案の特殊性について全く考えてくれないのは、なぜですか。

このように生計が一の判断を経済的利益のやりとりばかりにこだわっていては、小規模宅地の特例の適用範囲をどんどん狭めてしまい、成年後見制度での特例の適用の扱いを抹殺しかねないですね。とても大切なところなので、これについて一つずつ確認しますね。

① 政子さんと泰郎さんの間で、出入金の事実があるか。

泰郎さんが、政子さんの日常生活の世話、生活支援をしている中で、お互いの間でお金の出入金がないのは、お金の精算をしていないということです。むしろ、日常生活の必要費が、政子さんと泰郎さんとの間で共通していたことを示している根拠事実なのです。

出入金がない事実をもって日常生活の糧を共通にしていないと結論付けるのは、形式的、短絡的、機械的に考える一審判決や国のやり口なのでしょうが、一方的過ぎます。二人は赤の他人ではなく、毎日世話をし、世話をされている関係なのです。常識で考えても、生計が一であれば、口座間での出入金などその都度ちまちまやっている方が異常ではないですか。

そもそも、後見開始前から政子さんの生活支援を始めていた泰郎さんには、時間的にも精神的にも余裕などなかったのです。細かい精算をいちいちすることなど困難です。何故なら、泰郎さんはお金をもらうために生活支援をしていたのではなかったし、生活支援をしているからこそ、そうした付随的な事務仕事が出てきたのであり、泰郎さんは自分が出したお金のことなどいちいち気にしているヒマなど無かったのです。

生活費をしっかり精算するのは、お互いの貸し借りをはっきり意識する関係にある時です。財布が明確に分離されているからこそ、人は自分のお金の行方を気にするのです。

それから、
② 政子さんから泰郎さんに経済的援助があるか
③ 泰郎さんが政子さんを扶養しているか
についてですが、国は、生計を一要件と経済的援助あるいは扶養を混同し

ています。もちろん、経済的援助や扶養がある関係で、更に生計を一要件も満たしている場合もあるでしょうが、経済的援助や扶養がなかったから生計を一要件を満たさないと考えるのは、メチャクチャです。

　もしそうなら、この特例は、何の仕事もせず、家でゴロゴロして親の脛をかじる放蕩息子を助けるためだけのものになってしまいます。

　ここで、日常生活の糧を共通にしていた事実の解釈について、更に明確にしていきたいと思います。それは、前述しているような限定的な国の解釈ではとても説明出来ません。

　生計を一要件は、泰郎さんと政子さんの財布（生計）が一つの状態なのかどうか、つまり、政子さんに暮しを立てていくための収入があり、それを政子さんの判断で処理していたかどうか、という見方で決めるべきなのです。泰郎さんは、政子さんの家の清掃、食事の世話、病院の送り迎えなど、様々な介助、日常生活の中で生じるお金の支払い、政子さんが所有する不動産管理、と政子さんの家計・暮しを立てていくための活動のすべてを担ってきました。

　国は、二人の通帳の出入金にばかりこだわっていますが、「政子さんが

実質的な収入と支払いについて独自の判断で処理を全く行なっていなかったことは、明らかに独立した家計を担える状態になかった証拠である」というこちらの主張に対しては、全く反論していません。国の主張からすれば、相続開始時において政子さんは独立した生計を営んでいなければならなかったはずです。政子さんの判断能力がどのようであったと考えているのか、具体的に説明してください。

　さらに言わせてください。泰郎さんは高額の後見報酬請求権を何年にもわたって放棄しています。総額数百万円にもなります。政子さんの日常生活の支援の際に使ったガソリン代、交通費、食材費なども立替えしたままです。つまり、泰郎さんと政子さんの間には実際にお金のやりとりはあるのです。泰郎さんが行った無償の後見業務こそ生計を一にしていることを示す実質的な根拠であり、二人の間での形式的なお金の出入りには全く意味がないことを雄弁に語っています。

　国はこれについて、どう考えているのですか。教えてください。

　裁判官にも、お願いします。高齢化社会の到来で重要な役割を果たすはずの成年後見制度は、使い勝手の悪さで利用が一向に進んでいませんね。これに追い打ちをかけるように、今回のような税金面での誤った処置で納税者（成年後見人）の負担が増やされるのはとんでもないことです。

　成年後見制度下での生計を一要件の解釈は、今まで議論がされてこなかったものです。国や一審が解釈を間違えるのもやむを得ないところかもしれないですが、今度こそしっかり解釈をして、正しい判決をしてくれることを切に希望します。

■ 第2回口頭弁論手続期日

　令和3年6月16日（午後2時〜）東京高等裁判所。原告は、馬渕弁護士と私、被告の国は4人と、だいぶ少なくなっていました。コロナ仕様でしょうか。

　被告の国は、こちらの主張「控訴人第1準備書面」に対し「反論をしない」と応えました。新たな主張内容が沢山あり、当然反論されるものと思っていたので、肩透かしとしか言いようがなく、馬渕弁護士が苦笑いをしつつ「普通反論するでしょ」というニュアンスを伝えても、「すべて「答弁書」（令和3年4月19日付）

で主張した」と木で鼻をくくったような回答でした。

　裁判長は、「これで弁論立証はすべてで良いか」と両者に確認し、あっけなく弁論は終結となりました。「それでは、判決になります」と終りが宣言され、9月8日に判決が言い渡されることになりました。

　結局、高等裁判所でも、裁判官の前でお互いの主張をし合い裁判官がそれぞれの意見を聞くというようなことはなかったので、裁判官が成年後見人と生計を一要件の特殊性を本当に理解しているのか、まったく分からないまま判決になってしまいました。

■ 高裁判決　―控訴棄却―

　令和3年9月8日、控訴棄却。敗訴となりました。
　東京高等裁判所の判断は、次の通りです。
　　　「当裁判所も、控訴人の請求はいずれも理由がないと判断する。その理由は、原判決を次のとおり付加、訂正するほか、原判決「事実及び理由」中の「第3争点に対する当裁判所の判断」に記載のとおりであるから、これを引用する。」
　　　―以下省略

　控訴を棄却したということは高裁が一審を支持したということなので、一審の判決文をそのままなぞったところが多く、やっつけ仕事という感をぬぐえません。裁判所が言っていることは納得できない事ばかりでした。

■ 「判決」に見る高裁の理論の検証

　小規模宅地の特例は、「被相続人または被相続人と生計を一にしていた親族の事業の用に供されていた宅地等がある場合には、その内の一定部分、一定割合を相続税の申告上減額する」というものです。
　今回、A土地は政子さんと生計を一にしていた泰郎さんの事業で使われていた土地と言えるのかどうか、という争いです。
　相続人が財産を相続した場合、新たなメリット（経済的利益）が発生することになり、その相続財産から税を払う力（担税力）が生まれるので相続税を払うことが出来ると考えられます。しかし、相続された土地を使って相続人が事業をしてい

税理士も

弁護士も

原告も

被告も

る場合、相続税を払うためにその土地を処分して現金化することは難しいと思われ
ます。このような場合に税負担を少なくするためにこの制度があるのです。

　つまり、この制度は、相続が起きたことによって土地が使えなくなってしまう
などのマイナス面を考えての措置であって、単に円滑な事業の承継を目的としたも
のではないのです。その土地で事業をすることで相続人の生計だけでなく被相続人
の生計も支えられている場合には、被相続人が亡くなる前後にその土地を現金化す
ることは困難で相続税が払えないだろう、と考えます。そこで、相続人の生活を守
るために相続税負担を軽減することを考えてあげなければならないということで、
この制度が使われることになります。

　結論として、この制度を適用できるのは、政子さん（被相続人）が所有していた
Ａ土地を使って泰郎さん（相続人）が事業を営み、泰郎さんが自分の生計だけでなく、
政子さんの生計をも支えていた場合だけなんです。それ以外はダメなんです。

　泰郎さんは政子さんの所有していたＡ土地で事業を営んではいるものの、これ

によって政子さんの生計は支えられていません。泰郎さんの営む事業は政子さんの生計とは関係ないから、政子さんとしては泰郎さんに事業を止めてもらっても構わないし、Ａ土地を処分することにも制限はなく、いつでも売ることが出来ますね。泰郎さんも自分の事業は出来なくなるとしても、相続したＡ土地を売れば税金も心配なく支払えます。だから、今回のようなケースは、相続人（泰郎さん）の相続税負担軽減を図るという特例の趣旨に合致しないのです。

■ 扶養が特例適用の要件とは !?

　アッと驚く判断というしかありません。泰郎さんが事業を続けることの様々な重要性などまったく無視しています。

　そもそも、Ａ土地で泰郎さんが政子さんの生計を支えているかどうかということを、具体的に証明できるはずはありません。あくまで、泰郎さんのすべての収入（Ａ土地に係わらず）で政子さんの生計を支えているかどうかを抽象的に考えるしかないのです。しかし、もし税法上で具体的に明確にしなければならないとしたら、泰郎さんが政子さんを扶養しているかどうかで判断することになってしまいます。

　つまり、泰郎さんが政子さんを扶養しているという事実があってこそ、生計を支える土地として特例を使えると裁判所は言い放ったのです。確かに一審でも泰郎さんが政子さんを扶養する必要性に言及していましたが、一審では曖昧であったＡ土地の位置づけを「泰郎さんが政子さんを扶養することを示す基本的な役割をしていなければならない」と決めつけられたことは驚きとしか言いようがありません。

　高裁は結論として、泰郎さんがＡ土地の上で営んでいた大工業によって政子さんの生計を支えていたとは到底言えないから、（Ａ土地は政子さんと生計を一にしていた泰郎さんの事業の用に供されていた宅地等には当たらず）特例の適用は出来ない、としています。

　つまり、二人が生計を一にしていたとしても、そんなことでは特例を認めることは出来ないというのですから、それまでの議論はすべてひっくり返ったということになります。生計を一要件の争いではなく、土地を使った扶養関係が成立していたかどうか、という争いに変えられてしまったわけです。

　裁判官のように抽象論を使って反論を試みるならば、泰郎さんはＡ土地を使って自身の生計を立てているからこそ、政子さんの生活扶助をすることが出来たのだから、Ａ土地は十分役割を果たしていたと言えるはずです。裁判官の「その土地で、泰郎さ

んは政子さんの生計を支えていない」と断定した表現は実に不愉快です。

　このメチャクチャな法の新解釈へは、扶養が何を意味するかという点で争うしかありません。また、裁判所は、法的根拠として所得税法56条を持ち出し、「事業経営者と生計を一にする親族が、その事業に従事している場合、家族ぐるみでやっているので、その事業全部の所得を事業経営者によって代表される家族全体の所得と考え、家族間の給料の支払いを認めない」という決まりと、この特例の解釈は別だと言っています。そして、小規模宅地の特例の趣旨では、Ａ土地の上で営まれていた泰郎さんの事業によって政子さんの生計も維持されていなければならない、というのです。生計が一なら、管理する財布は一つであるという考え方は相続税では通用しない、というのです。

　生計を一という考え方は普遍的概念ではなく、環境や時代が変わればコロコロと意味が変わるということでしょうか。しかし、それはどこまでいっても考え方に過ぎず、法律で定められている扶養の概念を単なる裁判官の思い込みで強制するのは、立法者ではない裁判所の業務外であり、越権ではないでしょうか。

　判決では、更に「泰郎さんは、少なくとも年間60万円を超える成年後見業務の報酬を受け取っておらず、成年後見業務に伴うガソリン代などの必要費も請求していなかったこともよく分かっています。つまり、政子さんから泰郎さんは一度そのお金を受け取った上で、政子さんのためにまた使ったという考えが成立します。その点では、居住費、食費等の日常の費用を二人は共通にしていたと言えるので、生計を一要件を満たしていると主張していますね。」といった上で次のように突き放しています。

　生計を一にしていたとの要件に該当するためには、泰郎さんの事業によって泰郎さんのみならず、政子さんの生計を維持する関係が不可欠だというのです。そうです。前述した内容の繰り返しです。これは、一審の言葉をそのまま踏襲していますが、これでは仮に泰郎さんが元々自分が所有している財産を政子さんのためにいくら使ったとしても、泰郎さんがＡ土地を使って仕事をした売上金をそのまま政子さんの口座に振込むようなことをしない限り、つまり、事業収入と政子さんへのお金の提供が紐つきでなければ特例は使えない、ということになってしまいます。そして、その状態を客観的かつ具体的に示すには、泰郎さんが政子さんを税務上扶養していなければならない、というのです。

　高裁は結局、税務上の扶養でなければ話にならないと繰り返しているのでしょう。私たち（控訴人）は、政子さんの預金通帳に出入金の記載がないことの根拠として、二人は口座間でお金を精算するような客観的な間柄ではないし、実際に泰郎さんと政

子さんの間にはお金のやりとりもあったのだと国に対して訴えましたが、国はそれに対して反論しませんでした。それを高裁が見当違いの自分の解釈の中に当てはめて、国の主張をバックアップしているところも滑稽です。

　国が反論をしないと言った時、裁判所は国に対して何の反応もしませんでした。すでに裁判官は独善的に新たな否決案を温めていたのでしょう。あるいは、国がこのことについて、反論できなかったことをフォローしているつもりでしょうか。

　一方、高裁は泰郎さんが成年後見報酬を受け取っていなかったこと、ガソリン代などの必要費用も請求していなかったことに一応着目し、政子さんと泰郎さんが日常生活の費用を共通にしていたということはさりげなく認めているのです。つまり、そもそもの争いについては、こちらの勝ちを認めているとも言えるのです。なんとも気持ち悪いことをしてくれるものです。

　そして、締めはなんとも傲慢です。「本件特例は中小企業の円滑な事業承継を目的とするものではない」と言い切っています。相続税負担を減らすという観点から、この特例を適用するためには、被相続人（政子さん）を扶養していた相続人（泰郎さん）が事業をしていた土地（Ａ土地）は、その事業で得た収入を被相続人（政子さん）のために使っていたものでなければならない、というのです。

　ハタ、と私は気がつきました。裁判所は、被相続人が事業をしていた場合でなければ基本的には小規模宅地の特例を使わせてはならない、と考えてしまったのです。

　繰り返しになりますが、高裁は、Ａ土地を使っている泰郎さんがＡ土地から上る収入で政子さんを扶養しており、かつ資金繰りに苦しむ泰郎さんが相続税を払えなくなったため、これを救済するものでなければこの特例は適用できないと言っています。そうなると、そもそも相続税を十分に負担できるような人や、その土地で事業をしながら全く収益を上げられず被相続人に扶養してもらっていたような人は、この特例を使うことは出来なくなってしまいます。相続税が発生する度に、その相続人の懐具合を調べて、特例を使ってよいかどうかを決めることになってしまいます。今ある法律がないがしろにされてしまいませんか。

　成年後見人という新たなテーマにはまったく向き合ってくれないばかりか、社会システムを歪めるこのような後ろ向きな解釈を、高裁ってするのでしょうか。

　余りのことに一同落ち込みましたが、最高裁判所に上告する方向で検討を始めました。

相続した事業の用や居住の用の宅地等の価額の特例（小規模宅地等の特例）

［令和4年4月1日現在法令等］

対象税目

相続税

概　要

　個人が、相続や遺贈によって取得した財産のうち、その相続開始の直前において被相続人または被相続人と生計を一にしていた被相続人の親族（以下「被相続人等」といいます。）の事業の用または居住の用に供されていた宅地等（土地または土地の上に存する権利をいいます。以下同じです。）のうち一定のものがある場合には、その宅地等のうち一定の面積までの部分（以下「小規模宅地等」といいます。）については、相続税の課税価格に算入すべき価額の計算上、下記の「減額される割合等」の表に掲げる区分ごとにそれぞれに掲げる割合を減額します。

―中略―

対象者または対象物

　この特例の対象となる宅地等は、特定事業用宅地等、特定同族会社事業用宅地等、特定居住用宅地等および貸付事業用宅地等のいずれかに該当するものであることが必要です。

特定事業用宅地等

　相続開始の直前において被相続人等の事業（不動産貸付業、駐車場業、自転車駐車場業および準事業（注1）を除きます。）の用に供されていた宅地等（その相続の開始前3年以内に新たに事業の用に供された宅地等（「3年以内事業宅地等」といいます。以下同じです。）（注2、3）を除きます。）で、次の表の区分に応じ、それぞれに掲げる要件のすべてに該当する被相続人の親族が相続または遺贈により取得したものをいいます（次の表の区分に応じ、それぞれに掲げる要件のすべてに該当する部分で、それぞれの要件に該当する被相続人の親族が相続または遺贈により取得した持分の割合に応ずる部分に限られます。）。

特定事業用宅地等の要件		
区　分	特例の適用要件	
被相続人の事業の用に供されていた宅地等	事業承継要件	その宅地等の上で営まれていた被相続人の事業を相続税の申告期限までに引き継ぎ、かつ、その申告期限までその事業を営んでいること。
	保有継続要件	その宅地等を相続税の申告期限まで有していること。
被相続人と生計を一にしていた被相続人の親族の事業の用に供されていた宅地等	事業継続要件	相続開始の直前から相続税の申告期限まで、その宅地等の上で事業を営んでいること。
	保有継続要件	その宅地等を相続税の申告期限まで有していること。

―以下省略―

「No.4124　相続した事業の用や居住の用の宅地等の価額の特例（小規模宅地等の特例）」（国税庁）
（https://www.nta.go.jp/taxes/shiraberu/taxanswer/sozoku/4124.htm）を一部省略して作成。

◆――――― 裁判所の暴走 ―――――◆

　上記のように国（国税庁）は、「被相続人の事業の用に供されていた宅地」と「被相続人と生計を一にしていた被相続人の親族の事業の用に供されていた宅地」について、それぞれを明確に区分し小規模宅地の特例の適用要件の対象と捉えています。つまり、法律では、「被相続人と生計を一にしていた被相続人の親族」であれば、上記の通り、「事業継続要件」と「保有継続要件」を満たしていれば良いのです。被相続人を自分の事業で扶養しなければならないなどという要件は何もありません。

　裁判官は一体何を考えて判決をしたのでしょうか。

 最高裁への上告

■「上告状兼上告受理申立書」「上告受理申立理由書」の提出

　高裁敗訴の報を受け、私たち裁判チームは最高裁への上告を決めました。泰郎さんの奥様も快諾です。最高裁への訴えは、控訴ではなく上告という表現を使うことを改めて知りました。

　令和3年9月21日、「上告状兼上告受理申立書」（以下、「上告状」と呼びます）を最高裁へ提出しました。なお、これは届け出をするだけであって、裁判の何が問題なのかについては、後日「上告受理申立理由書」を提出することになります。

　「上告状」を出した後、裁判チームは上告をする根拠を示す「上告受理申立理由書」の作成に入りました。「高裁の判決には裁判所の本分を逸脱した判断がある」との共通認識で、皆の主張の取りまとめにも熱が入りました。馬渕弁護士が各人の主張を冷静にとりまとめ、令和3年11月8日に、いよいよ最高裁へ提出することになりました。

　上告を受理してもらうためには、憲法に関することや裁判所の重大な判断ミスなど、かなり強力な理由が必要になります。上告したら最高裁の判事がもれなく裁判をしてくれるわけではありません。まず黒子の係員が事案を確認して、最高裁の審議に足るものかどうかのふるい分けをするのです。だからこそ、「上告受理申立理由書」は、こちらの思いを徹底的に訴えるものでなければなりません。今回は、怒り心頭の三木弁護士が代理人として全面的に対決姿勢を見せてくれました。

　「今まで裁判では、成年後見制度と小規模宅地の特例の関係性が検討されたり、財産分別管理義務と生計を一要件の関係性が正面から議論されたりしたことはありません。この訴訟は成年後見制度と相続税の関係性、整合性を正面から問うものです。」と上告の意義を高らかに述べました。高裁や一審のように小規模宅地の特例を形式的、限定的に解釈していては、成年後見人の相続事案は小規模宅地の適用がほとんどできなくなります。これでは、相続を抱えている人の多くが成年後見制度の運用を止めてしまうことになるでしょう。

成年後見制度は、その多くが相続を抱えた高齢者のための制度であり、司法が今回のような方針を出したら、成年後見制度は崩壊してしまうのではないでしょうか。すべての国民の相続に関わる問題なのに、裁判所は今回とんでもないことに「小規模宅地の特例の要件として、相続人がその土地を使って行う事業において生計を一という概念を超え被相続人の生計も支えなければならない」と言ってしまったのです。

　つまり、裁判所が言ったことは、小規模宅地の特例を適用するためには泰郎さんが政子さんを扶養していなければならない、ということであり、税法上それを示すには、泰郎さんが所得税の確定申告書に政子さんを扶養親族として記入していることを意味します。

　このような解釈は、今回の裁判の被告である国も支持するはずのない独自の見解であり、新たな行政手続上の決まりを裁判所が作り出してしまったとも言える行為です。私たちは、最高裁に対して、生計を一要件の解釈と事業の用に供した土地での扶養の必要性の二点について審議を求めたのです。

　さて、小規模宅地の特例を適用させるにあたり、泰郎さんが政子さんの土地（Ａ土地）の上で大工業を行い生計を立てていたということは、共通認識として国や裁判所も認めています。あくまで、泰郎さんと政子さんが生計を一にしていたかどうかということだけが争点（のはず）なのです。

　一審では、政子さんの日常生活の費用支出は通帳からも現金出納帳からも泰郎さんのお金を使って支払ったという事実はないとして、生計を一であったことを否定しています。私たちは、成年後見人と成年被後見人の財布は形式上分離せざるを得ない中で、出入金だけの事実をもって生計が一かどうかを判断すると成年後見人事案では生計を一要件は成立しないと考えます。一審の考え方では相続人から被相続人への一方的な扶養、つまり、泰郎さんが政子さんの生活資金を継続的に入金していない限り、生計を一要件を満たせなくなってしまうと思います。

　生計が一ではない、つまり、独立した生計があるということは、その人に収入・支出があり、それを自らの判断で処理出来ていることであり、そのためには健全な判断能力が必要です。政子さんはそうした独立した生計は営めない状態だったので成年被後見人となったのであり、泰郎さんが政子さんの代りに政子さんの財産を分別管理していたことは実際に一つの財布で行っていたことであり、それこそ生計を一にしていたということではないでしょうか。

　成年後見人の実務を考えれば、成年後見人が親族である場合、成年被後見人の

出入金を完全に分けて管理することなど不可能です。裁判所が監視しているのですから、成年後見人が成年被後見人のお金を使いこむことは出来ません。その一方、成年後見人が日々の後見業務の中で無数に生じる費用の支払いの中で、共通する家財や食材、それにかかる通信費、交通費など、「各人の費用はこれとこれ」というようにきっちり分けることなど出来るわけがありません。

後見業務は、立て替えした費用を後見監督人に報告しなければならず、いちいち分別する手間を考えれば自分で負担してしまうケースはいくらでもあります。いえ、始めから立て替えしたという認識すらなく成年後見人が自分の支払いとしてしまうことだらけなのです。それは、後見人と被後見人が生計を一にしているからこそなのです。泰郎さんが本来有償である後見業務をずっとただで行ってきたことこそ、まさにその証拠といえます。

高裁の判決では、「生計を一にしていた相続人の事業の用に供されていた宅地等は、相続人の生計のみならず、被相続人の生計をも支えなければならない土地である」としました。突然に扶養の要件を付加したのです。

生計を一要件は、生計が一であるか、或いは、お互いの生計が独立しているかの二択の問題であり、法律のどこをどう見ても、相続人がその土地を使った事業で被相続人を扶養しなければならないことが要件として必要であると導くことは出来ません。

そもそも、扶養の有無で結論が決まるなら、税務署との最初のやりとりで「泰郎さんは政子さんを扶養家族として確定申告書に記載していないから」あるいは「政子さんは所得がちゃんとあるから、泰郎さんの扶養家族にはなれないのでアウトです。」で終わる話です。裁判所にしてもゴチャゴチャ審議しなくても、「泰郎さんは政子さんを扶養していないから却下。」と言えばいいだけのことでしょう。今になって回りくどくこのような暴論を持ち出されると、情けなさ過ぎて、開いた口がふさがりません。

高裁が一審判決に則る解釈として、扶養される前提である、被相続人が無収入または無資力に近いことを考えたのでしょうが、相続税の減税手段である小規模宅地の特例は、被相続人が相続税の課税を受けるだけの一定額以上の財産を持っていることを前提としているのですから、出発点からまったく話がかみ合っていません。被告である国も苦笑を禁じ得ないところでしょう。

私たちは、国が不当な判断をしていることについて裁判所に救済を求めたのに、当の裁判所が嵩に懸かって納税者の権利を奪うような見解を出してくるとなると、

一体誰に助けを求めればいいのでしょうか。成年後見人事案という点にもまったく見解を示さずに……。

　課税実務でも、生計を一要件の判断について税務署が扶養を要求することなど考えられないのに、今後はこれが判例となり、多くの納税者に不利益をもたらすことになるのではないかと心配です。原判決は速やかに破棄してください。どうかちゃんと、裁判してください。

■ 最高裁調書 ー上告棄却ー

　令和4年3月15日、最高裁判所から「調書（決定）」が届きました。

　裁判官全員の一致した意見で、「上告を棄却すること、上告審として受理しない」と却下されました。敗訴です。

　最高裁判所の「調書」の要旨は以下のようでした。

　　最高裁に上告を許されるのは民訴法312条1項または2項に合致する

場合に限られるんです。上告が出来るのは、憲法違反や特別のケースのみです。

　違憲として判断が出来るとは思えない事実誤認や法令違反を主張しているに過ぎない、そんなものは受理なんかできません。

　私は、再申請求が可能かどうか、三木弁護士、馬渕弁護士に確認しましたが、「再審は非常事態を想定してのことであり、税金訴訟はここまでが限度である」という結論となりました。

● 裁判の後、別の相続事案で

　裁判の後、私が担当した別の相続事案でこんなことがありました。

　遺族年金・未支給年金など公的年金（以下、「年金」といいます）は、年金を受けていた人が亡くなった場合、その死後に出た年金の最終の受取人は、相続人である妻や子になることが普通です。そして、相続人が扶養家族でなかった場合、生計を一にしていたかどうかが受給の判断になるようです。

　日本年金機構では、被相続人（亡くなった人）と扶養関係にない相続人や別居している相続人が被相続人の年金を受け取る際に生計が一であったかどうかを確認するためのシートを作っています。それが、「生計同一関係に関する申立書」（以下、「申立書」といいます）です。

　この「申立書」では、生計を一にしていたかどうかの具体的な要件を、生前被相続人を病院に送り迎えをしたり食事を作ってあげたりしていたこと、としています。まさに、泰郎さんと政子さんの関係そのものではないでしょうか。

　つまり、これは、国が生計を一の基準として、私たちが主張してきた条件を実務上で執行していることを示していると思います。

　実際に、被相続人と生計が同一であるとして、年金を引き継いだ人の「申立書」の記入内容を次頁から掲載します。

　参照　「生計同一関係に関する申立書（遺族年金・未支給・死亡一時金）

　　　　　　　　　　　　　　※配偶者または子が請求するとき」

　日本年金機構ホームページ「生計同一関係・事実婚関係に関する申立をするとき」
　（https://www.nenkin.go.jp/service/jukyu/todokesho/kyotsu/20140425.html）

生計同一関係に関する申立書

生計同一関係にあったことの申立

申立年月日：令和　３　年　　　月　　　日　　※ この申立書の記入日を記載してください。

私と下記②の者は、下記②の者が亡くなった当時、生計を同じくしていました。

① 請求される方の住所、氏名

住所 ▮▮▮▮▮▮▮▮▮▮▮▮▮▮

氏名 ▮▮▮▮▮▮▮▮

② 亡くなった方（被保険者、被保険者であった方）の住所（亡くなった当時）、氏名

住所 ▮▮▮▮▮▮▮▮▮▮▮▮▮▮

氏名 ▮▮▮▮▮▮▮　　　　（①との続柄：　夫　　）

上記①・②の方の状況に応じて、**次の１～３のいずれか１つに〇を付した上で、必要事項を記載してください。**

１． ①と②は、住民票上は別世帯でしたが、住民票上の住所は同一でした。
【住民票上、別世帯となっていた理由を以下に記載してください。】

_____

_____

_____

２． ①と②は、住民票上は別住所でしたが、実際は同居していました。
【住民票上、別世帯（別住所）となっていた理由を以下に記載してください。】

_____

_____

_____

裏面へ続く

3．①と②は、別居していました。また、住民票上も別住所でした。

（1）別居していた理由を以下に記載してください。

　　　私①は、結婚を機に親元を離れ、独立した為。

　　　母②は、高齢により介護が必要となり、ホームに入居した為。

_____

（2）経済的援助の状況について、以下に記載してください。

　　②（亡くなった方）から①（請求される方）に対する経済的援助　（　あり　・　(なし)　）

　　経済的援助の回数　　　（　年　・　月　約＿＿＿＿＿＿＿　回程度）

　　経済的援助の内容＿＿＿＿＿＿＿＿＿＿＿＿＿＿＿＿＿＿＿＿＿＿＿

　　＿＿＿＿＿＿＿＿＿＿＿＿＿＿＿＿＿＿＿＿＿＿＿＿＿＿＿＿＿＿＿

◎　上記の経済的援助が「なし」の場合は、以下に記載してください。

　　①（請求される方）から②（亡くなった方）に対する経済的援助　（　(あり)　・　なし　）

　　経済的援助の回数　　　（　年　・　(月)　約＿＿＿3＿＿＿　回程度）

　　経済的援助の内容　ホーム入居前は、病院への付添いなど。ホーム入居の際には、下見、引越手配
　　をしました。ホーム入居後は、ドライブや食事に連れ出したり、食品や衣類など差し入れをした。

（3）音信・訪問の状況について、以下の㋐〜㋒に記載してください。

　　㋐　音信の手段　　（(訪問)・電話・メール・その他：＿＿＿＿＿＿＿＿）

　　㋑　訪問回数　　　（　年　・　(月)・週　：約＿＿＿3＿＿＿　回程度）

　　㋒　音信・訪問の内容　何か困っていないか、様子を見に行く。家族の最近の話題なども知ら
　　せる。母の笑顔を見たいと思って行く。　ホームのイベント（新年会、納涼祭、敬老会など）に
　　母と一緒に参加する為。

＿＿＿＿＿＿＿＿＿＿＿＿＿＿＿＿＿＿＿＿＿＿＿＿＿＿＿＿＿＿＿＿＿

┌───┐

| **第三者による証明欄** | ※　上記1に〇をされた場合（住民票上は別世帯だが、住民票上の住所は同一で ある場合）または生計同一関係証明書類を提出している場合は記入不要です。 |

上記の事実に相違ないことを証明します。
また、私は上記①及び②の者の民法上の三親等内の親族ではありません。

証明年月日：令和　3　年　　　月　　　日　※　表面の申立日（記入日）以後に証明してください。

住所　＿＿＿＿＿＿＿＿＿＿＿＿＿＿＿＿＿＿＿＿＿＿＿＿

氏名　施設長＿＿＿＿＿＿＿＿＿＿＿　電話番号　＿＿＿＿＿＿＿

※　法人（会社、病院、施設等）・個人商店として証明する場合は、所在地・名称及び証明者の役職名と
　　氏名を記入してください。

└───┘

　　　　　　　　　　　　　　　　　　　　　　　日本年金機構理事長　様

最後に飛び込んで来た話

　いよいよ本書も印刷所へ入稿という 8 月中旬、驚くべきニュースが届きました。それは、泰郎さん亡き後、政子さんの長女・頼子さんの成年後見人を務めていた泰郎さんの奥様からの電話でした。

　実は、頼子さんは 7 月に病のために亡くなられました。そこで、成年後見人として頼子さんを最後の時まで支えた泰郎さんの奥様が、頼子さんの年金の受給終了手続をしたところ、日本年金機構の担当者から、「頼子様にはお子様がいないので、生計が一であった (泰郎さんの) 奥様が頼子様の最後の年金の受給をすべく、生計同一関係に関する申立の申請をしてください」と言われたというのです。

　泰郎さんの奥様が、世帯も財布も別であるからと固辞したところ、「成年後見人として頼子様の様々な世話をされていたのだから、それは生計を一ということなのですよ、当然受給すべきです」と断言されたというのです。もちろん、私は前述した事例（p 71 ～ 73 参照）を伝え、「受給を申し立ててください」とお伝えしました。

　実務の現場では、国自体が「生計を一」について積極的な判断基準を持ち、行動をしているのです。課税庁も裁判所も、ご自分たちの生計を支えている納税者のことをもう少し考えてくださいね。

令和 5 年 8 月 18 日

■ 資料一覧

担当主体	文書名	文書提出者	備考	掲載頁
藤沢税務署	相続税の更正通知書及び 加算税の賦課決定通知書		一部省略	76
東京国税不服審判所	審査請求書	本庄泰郎	鑑のみ	79
東京国税不服審判所	答弁書	藤沢税務署長	鑑のみ	80
東京国税不服審判所	反論書	本庄泰郎	鑑のみ	81
東京国税不服審判所	意見書	藤沢税務署長	鑑のみ	82
東京国税不服審判所	面談のお知らせ		鑑のみ	83
東京国税不服審判所	争点の確認表		鑑のみ	84
東京国税不服審判所	審理手続きの終結について		鑑のみ	85
国税不服審判所	裁決書		別表・別紙省略	86
横浜地方裁判所	訴状	本庄泰郎	別表省略	92
横浜地方裁判所	答弁書	国	別表省略	99
横浜地方裁判所	準備書面（1）	国	一部省略　別表省略	102
横浜地方裁判所	第1準備書面	本庄泰郎		117
横浜地方裁判所	準備書面（2）	国	鑑のみ	124
横浜地方裁判所	準備書面（3）	国	P2 省略	125
横浜地方裁判所	第2準備書面	本庄泰郎	別紙省略	140
横浜地方裁判所	準備書面（4）	国	P2 省略	145
横浜地方裁判所	準備書面（5）	国	P2 省略	155
横浜地方裁判所	第3準備書面	本庄泰郎	別紙省略	159
横浜地方裁判所	準備書面（6）	国	P2 省略	162
横浜地方裁判所	判決		別紙・別表省略	169
東京高等裁判所	意見書	弁護士　三木義一		193
東京高等裁判所	控訴理由書	本庄泰郎		202
東京高等裁判所	答弁書	国	別紙省略	211
東京高等裁判所	控訴人第1準備書面	本庄泰郎		219
東京高等裁判所	判決			227
最高裁判所	上告状兼上告受理申立書	本庄泰郎	別紙省略	241
最高裁判所	上告受理申立理由書	本庄泰郎		243
最高裁判所	調書			252

相 続 税 の　更正　通 知 書 及 び　　（通知用）
加 算 税 の 賦 課 決 定 通 知 書　　　　第　　　号

平成２９年　９月２７日

住　所 ▉▉▉▉▉▉▉▉

氏　名　▉▉▉▉　殿

　　　　藤 沢 税 務 署 長　▉▉▉▉

平成 26 年　8 月 27 日　の相続開始に係る相続税及びその加算税について、下記のとおり　更正　及び加算税の賦課決定をします。

記

○ この通知により新たに納付すべき又は減少する税額

納付すべき本税の額	納付すべき加算税の額		納税猶予額控除後の本税の額
円		円	円
7,287,600	過少申告加算税	1,053,000	
	重加算税		

○ 納付すべき税額及び延滞税（納税猶予額のある人は、納税猶予額控除後の本税・加算税の額及び延滞税の額）は、同封の納付書により　平成 29 年 10 月 27 日　までに日本銀行（本店、支店、代理店及び歳入代理店（郵便局を含む。））又は当税務署へ納付してください。
○ 新たに納付すべき本税について延納又は物納を希望される方は、上記の期限までに申請してください。
○ 既に納付した税額がこの通知により減少する場合で、他に未納の税額がないときは、銀行等の預貯金口座への振込み又はゆうちょ銀行、郵便局の窓口払いの方法により還付することになります。

○ 課税標準等及び税額等の計算明細

(1) 納付税額又は還付税額の計算明細

区　分	当初課税額（修正申告額）	更　正　額
① 取 得 し た 財 産 の 価 額	円 59,698,834	円 100,090,833
② 相続時精算課税適用財産の価額		
③ 債 務 及 び 葬 式 費 用 の 金 額	493,887	493,887
④ 純 資 産 価 額（ ① ＋ ② － ③ ）	59,204,947	99,596,946
⑤ 純資産価額に加算される暦年課税分の贈与財産価額		
⑥ 課 税 価 格 （ ④ ＋ ⑤ ）	59,204,000	99,596,000
⑦ 相 続 税 の 総 額（ (2) の ⑨ の 金 額 ）	13,760,000	24,757,600
一般の場合 ⑧ 同上のあん分割合	0.37	0.5
⑨ 相 続 税 額（ ⑦ × ⑧ ）	5,091,200	12,378,800
租税特別措置法第70条の6第2項の規定適用の場合 ⑩ 相 続 税 額（ 付表 1 (1) の ⑬ ）		
⑪ 相続税額の 2 割加算が行われる場合の加算金額		
税額控除額 ⑫ 暦年税分の贈与税額控除額		
⑬ 配 偶 者 の 税 額 軽 減 額		
⑭ 未 成 年 者 控 除 額		
⑮ 障 害 者 控 除 額		
⑯ 相 次 相 続 控 除 額		
⑰ 外 国 税 額 控 除 額		
⑱ 計		0
⑲ 差 引 税 額（ ⑨＋⑪－⑱ 又は ⑩＋⑪－⑱ ）	5,091,200	12,378,800
⑳ 相続時精算課税分の贈与税額控除額	0	0
㉑ 医療法人持分税額控除額（付表4 2のB）		
㉒ 小 計 （ ⑲ － ⑳ － ㉑ ）	5,091,200	12,378,800
㉓ 農地等納税猶予税額（付表1 (1) の⑫）	0	0
㉔ 株式等納税猶予税額（付表2 2の⑩）	0	0
㉕ 山林納税猶予税額（付表3 2の⑧）	0	0
㉖ 医療法人持分納税猶予税額（付表4 2のA）	0	0
申告納税額（㉒－㉓－㉖） ㉗ 納 付 す べ き 税 額	5,091,200	12,378,800
㉘ 還 付 さ れ る 税 額		

(2) 相続税の総額の計算明細

区　分	当初課税額（修正申告額）	更　正　額
① 取 得 財 産 価 額 の 合 計 額	円 159,789,667	円 200,181,666
② 相続時精算課税適用財産価額の合計額		
③ 債 務 控 除 の 合 計 額	987,773	987,773
④ 純資産価額に加算される暦年課税分の贈与財産価額の合計額		
⑤ 課 税 価 格 の 合 計 額	158,800,000	199,192,000
⑥ 法 定 相 続 人 の 数	2 人	2 人
⑦ 遺 産 に 係 る 基 礎 控 除 額	円 70,000,000	円 70,000,000
⑧ 計算の基礎となる金額（⑤－⑦）	88,800,000	129,192,000
⑨ 相 続 税 の 総 額	13,760,000	24,757,600

○ 加算税の額の計算明細

区　分	① 加算税の基礎となる税額 ② ①に対する加算税の割合	③のうち国税通則法第65条第2項の規定による加算税の基礎となる税額 ④ ③に対する加算税の割合	⑤のうち国税通則法第66条第4項及び第68条第4項の規定による加算税の基礎となる税額 ⑥ ⑤に対する加算税の割合	⑦ 加算税の額（①×②と③×④と⑤×⑥との合計額）
過少申告加算税 賦課決定額	円 7,280,000 10 / 100	円 6,500,000 5 / 100	円 0,000 10 / 100	円 1,053,000
変更決定の賦課決定額	0,000 / 100	0,000 5 / 100	0,000 10 / 100	
又は国税通則書に対し保証する債務者 軽減額	0,000 5 / 100	変更決定在決定後軽減額		
	0,000 5 / 100			
重加算税 賦課決定額	0,000 / 100		0,000 10 / 100	
変更決定後の賦課決定額	0,000 / 100		0,000 10 / 100	

○ この通知に係る処分の理由

次葉のとおり

....
....
....
....
....
....
....
....
....
....

○ この更正又は決定が申告期限から1年を経過してされた場合で、その国税等を一時に納付することができないと認められるときは、原則として納期限内にされた申請により、1年以内の期間、納税の猶予が認められます。
○ あなたは、上記の新たに納付すべき税額のほか、あなたが受けた利益の価額を限度として相続税法第34条第　　項の規定により他の相続人又は受遺者の相続税について連帯納付の責任があります。

処分の理由 ＿＿＿＿＿殿

あなたが平成29年8月3日に提出した平成26年8月27日相続開始の被相続人＿＿＿＿（以下「被相続人」といいます。）に係る相続税の修正申告書（以下、この申告書に係る申告を「修正申告」といいます。）について、調査の結果、あなたの課税価格及び全ての相続人に係る課税価格の合計額に誤りがあると認められましたので、下記1ないし3のとおり計算して、更正します。

また、下記4のとおり、過少申告加算税を賦課決定します。

記

1 あなたの課税価格

あなたは、相続により取得した＿＿＿＿＿＿＿＿＿＿に所在する土地（地目：宅地、地積：433.518㎡。以下「本件土地」といいます。）について、租税特別措置法（以下「措置法」といいます。）第69条の4第1項第1号の規定の適用があるものとして、本件土地の課税価格に算入すべき価額を14,328,810円としています。

しかしながら、あなたは、相続開始以前から被相続人に係る相続税の申告期限である平成27年6月29日までの間、＿＿＿＿＿＿＿＿＿＿＿＿に存する家屋に居住しており被相続人とは別居しているほか、少なくとも、あなたが被相続人の成年後見人となった平成23年2月18日以降上記申告期限までの間、被相続人と「生計を一にしていた」とは認められないことから、あなたが本件土地上に存する建物をあなたの事業の用に供していたとしても、本件土地は、措置法第69条の4第1項に規定する被相続人と生計を一にしていた当該被相続人の親族の事業の用に供されていた宅地等には該当せず、同項第1号の規定を適用することはできません。

したがって、修正申告における本件土地の価額54,720,809円とあなたが本件土地の課税価格に算入すべきとした価額14,328,810円との差額40,391,999円をあなたの相続税の課税価格に加算します。

2 全ての相続人に係る課税価格の合計額

上記1の差額40,391,999円は、あなたの納付すべき相続税額の計算の基礎となる全ての相続人に係る課税価格の合計額に算入されていませんでした。したがって、当該差額を全ての相続人に係る課税価格の合計額に加算します。

3 あなたの納付すべき相続税額

上記1及び2を基に、あなたの納付すべき相続税額を相続税法第16条及び第17条の規定により計算したところ、12,378,800円となります。

したがって、今回の更正によりあなたが納付すべき相続税額は、12,378,800円と修正申告におけるあなたの申告納税額5,091,200円との差額7,287,600円となります。

4 あなたの納付すべき過少申告加算税の額

（ 3 ）枚のうち（ 2 ）枚目

処分の理由 ＿＿＿＿＿＿殿

　今回の更正によりあなたが納付すべきこととなる相続税額7,287,600円について、平成28年法律第15条による改正前の国税通則法第65条第1項及び第2項の規定に基づき計算したところ、過少申告加算税は1,053,000円となります。

　なお、今回の更正に基づき納付すべき税額の計算の基礎となった事実のうちに今回の更正前の税額の計算の基礎とされなかったことについて正当な理由があると認められるものはありません。

以下余白

（ 3 ）枚のうち（ 3 ）枚目

審査請求書（初葉）

（注）必ず次葉とともに、**正副2通**を所轄の国税不服審判所に提出してください。

控 東京国税不服審判所 29.12.22 日付印 横浜支所 収受

※ 審判所整理欄	通信日付	確認印	整理簿記入	本人確認	番号確認	身元確認	身元確認（代理人）
本人確認書類		個人番号カード／通知カード ・ 運転免許証 その他（　　　）					

国税不服審判所長

① 審査請求年月日	平成29 年 12 月 22 日

審査請求人

② 住所・所在地（納税地）　電話番号

③ （ふりがな）氏名・名称

④ 個人番号又は法人番号　電話番号 （　）

⑤ 総代又は法人の代表者　住所・所在地／（ふりがな）氏名・名称

総代が互選されている場合は、総代の選任届出書を必ず添付してください。

代理人

⑥ 住所・所在地　〒 231 － 0015　横浜市中区尾上町1-4-1-7F　電話番号 045（ 681 ）6391

（ふりがな）（ タナカ ジュン ）氏名・名称　田中 潤　印

委任状（代理人の選任届出書）を必ず添付してください。

⑦ 原処分庁　（ 藤沢 ）税務署長・（ ）国税局長・その他（ ）

⑧ 処分日等
原処分（下記⑨）の通知書に記載された年月日　平成 29 年 9 月 27 日付
原処分（下記⑨）の通知を受けた年月日　平成 29 年 9 月 29 日

更正・決定・加算税の賦課決定などの処分に係る日付であり、再調査の決定に係る日付とは異なりますから御注意ください。

⑨ 審査請求に係る処分（原処分）処分名等

税目等	処分名	対象年分等
1 申告所得税（復興特別所得税がある場合には、これを含む。）	① 更正（更正の請求に対する更正を含む。） 2 決定	平成25年8月27日 相続開始分
2 法人税（復興特別法人税又は地方法人税がある場合には、これを含む。）	3 青色申告の承認の取消し 4 更正の請求に対する更正すべき理由がない旨の通知	
3 消費税・地方消費税	5 加算税の賦課決定 a 過少申告加算税 b 無申告加算税 c 重加算税	平成25年8月27日相続開始分
4 相続税		
5 贈与税	6 その他 [ ]	
6 源泉所得税（復興特別所得税がある場合には、これを含む。）	1 納税の告知 2 加算税の賦課決定（ a 不納付加算税、b 重加算税 ）	
7 滞納処分等	1 督促 [督促に係る国税の税目：] 2 差押え [差押えの対象となった財産：] 3 公売等 [a 公売公告、b 最高価申込者の決定、c 売却決定、d 配当、e その他（ ）] 4 相続税の延納又は物納 [a 延納の許可の取消し、b 物納の申請の却下、c その他（ ）] 5 還付金等の充当 6 その他 [ ]	
8 その他 [ ]		

⑩ 再調査の請求をした場合
再調査の請求年月日：平成 年 月 日付
◎ 該当する番号を○で囲んでください。
1 再調査の決定あり ……… 再調査決定書の謄本の送達を受けた年月日：平成 年 月 日
2 再調査の決定なし

※「審判所整理欄」には記入しないでください。

1号様式（初葉）

副　　本

_____第_____号

平成_30_年_2_月_21_日

東京国税不服審判所

　　首席国税審判官_____殿

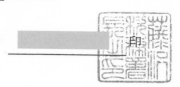

　　　　　　　　　　　　　　____藤沢____税務署長

　　　　　　　　　　　　　　　　　　　　　　　　　　印

答　　弁　　書

1　事案の表示

　(1)　審 査 請 求 人　　　____総代_____ほか１名

　(2)　審査請求年月日　　　平成29年12月22日

　(3)　審査請求に係る処分
　　　　審査請求人_____及び同_____に対する平成29年９月27日付の平成26年８月
　　　27日相続開始に係る相続税の各更正処分及び過少申告加算税の各賦課決定処分

2　請求の趣旨に対する答弁
　　　本件審査請求をいずれも棄却する
　　との裁決を求める。

3　請求の理由に対する答弁（原処分庁の主張）
　　　別紙のとおり。

　　　　　　　　　　　　　　　　　　　　　　　　　　　　　　（不服　40-3）

平成　30　年　3　月　20　日

反 論 書 の 提 出 に つ い て

東京 国税 不服審判所　横浜支所

担当審判官　　　　　　　　　様

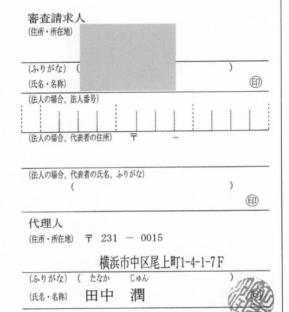

審査請求人
(住所・所在地)

(ふりがな)　(　　　　　　　　　　　　)
(氏名・名称)　　　　　　　　　　　㊞

(法人の場合、法人番号)

(法人の場合、代表者の住所)　〒　　　－

(法人の場合、代表者の氏名、ふりがな)
(　　　　　　　　　　　　)　　　㊞

代理人
(住所・所在地)　〒 231 － 0015

横浜市中区尾上町1-4-1-7F

(ふりがな)　(　たなか　　じゅん　　　)
(氏名・名称)　田中　潤　　　　㊞

平成　30　年　2　月　21　日付の原処分庁の答弁書に対する反論書を提出します。

9号様式(初葉)

審判所整理欄※
番号確認

※審判所整理欄は記入
しないでください

_____第___号

平成 30 年 3 月 28 日

東京国税不服審判所横浜支所

　　担当審判官_____殿

　　　　　　　　　　　　　　　　　　藤沢　　税務署長

　　　　　　　　　　　　　　　　　　_____印

意　見　書

1　事案の表示

　　(1)　審　査　請　求　人　　　　総代_____ほか1名

　　(2)　審査請求年月日　　　平成29年12月22日

　　(3)　審査請求に係る処分

　　　　平成29年9月27日付の平成26年8月27日相続開始に係る相続税の各更正処分及び過少申告加算税の各賦課決定処分

2　提出する理由

　　平成30年3月22日付の意見書提出依頼

3　原処分庁の意見

　　上記1(3)の各処分がいずれも適法であることについては、既に答弁書で述べたとおりであり、請求人らの平成30年3月20日付反論書に対する新たな意見はない。

　　　　　　　　　　　　　　　　　　　　　　　　　　　　　　（不服41－2）

第　　号

平成 30 年 4 月 5 日

（住所・所在地）

（氏名・名称）

　　　　総代　　　　　　　　　様

　　　　　　　　　　　東京国税不服審判所横浜支所
　　　　　　　　　　　担当審判官

面 談 の お 知 ら せ

　平成29年12月22日に収受した審査請求書に係る事件について、下記1により面談したいので、御来所願います。

　なお、当日差し支えがあるときは、折り返しその事情をお知らせください。

記

1　面談日時等

　(1)　日　　時　　平成30年 4 月 19 日 午後 2 時 00 分 から 午後 4 時 00 分 まで

　(2)　場　　所　　東京国税不服審判所横浜支所面接室

　　　　（所在地）　神奈川県横浜市中区山下町37番地9号　横浜地方合同庁舎7階

　　　御来所の際には、受付に本状を提示してください。
　　　なお、当日の所要時間は2時間を予定しておりますが、状況により所要時間が増減することがあり得ますので、あらかじめご了承ください。

2　当日持参していただく書類等.
　来所者の印章（審査請求書に使用したもの）
　審査請求書、反論書、答弁書

※　連絡担当者　　横浜支所　　第2部門　　　　　　　電話 045-641-7901 内線

131号様式（その1）

第　　　号

平成 30 年 5 月 11 日

（住所・所在地）

（氏名・名称）

　　　総代　　　　　　　　様

東京国税不服審判所横浜支所
担当審判官

争点の確認表の送付について

　審判所は、既に御存知のとおり、審査請求人と税務署長との間に立つ公正な第三者的機関であり、審査請求の審理に当たっては、双方の主張を十分に聞いた上で、公正妥当な結論を得るよう努めているところです。

　審査請求事件を適正かつ速やかに解決するためには、当事者双方の主張を正しく把握し、争点を共通して認識する必要があります。同封の争点の確認表は、これまで当事者双方から提出された書面や面談において主張されたことを基に、①争われている原処分、②争点及び③争点に対する当事者双方の主張を簡潔に取りまとめたものです。

　争点の確認表は、これまでの当事者双方の主張を整理した上で、争点を明確にするために作成したものですから、これまでの主張とは異なる新たな主張をする場合や、これまでの主張に追加して主張する場合には、新たに主張書面を提出していただくことになります。

　また、今回送付させていただいた争点の確認表は、現在までの段階で整理したものですから、最終的に整理されるものとは内容が異なる場合もあります。

　内容を御確認いただき、お気付きの点又は御不明な点がありましたら、下記連絡担当者宛に平成30年5月22日までに御連絡ください。

　なお、今後は、既に提出していただいている主張書面や証拠書類等を基に、調査及び審理を更に進め、必要な審理を終えたと認めたときに、審理手続を終結します。審理手続を終結すると、審理関係人は、裏面の表の行為をすることができなくなりますので、御留意ください。

※　連絡担当者　　横浜支所　　第１部門　　　　　　　　電話 045-641-7901 内線

178号様式

　　　　　　　　　　　　　　　　　　　　　　　　　　第　　　号
　　　　　　　　　　　　　　　　　　平 成 30 年 6 月 5 日

　　　　　　　　　　　
　　（住所・所在地）

　　　　　　　　　　　
　　（氏名・名称）

　　　　　　　総代　　　　　　　　様

　　　　　　　　　　　　　　　　東京国税不服審判所横浜支所
　　　　　　　　　　　　　　　　　担当審判官

審理手続の終結について

　　下記の審査請求について、平成30年6月5日に審理手続を終結しましたので、国税通則法第97条の4第3項の規定により、通知します。
　　なお、審理手続の終結により、審理関係人は、別紙の表に掲げる行為をすることができませんので、念のため申し添えます。

　　　　　　　　　　　　　　　　記

審査請求
1　　審査請求人
　　　（住所・所在地）

　　　（氏名・名称）　　　総代　　　　　ほか1名

2　　原　処　分　　　　　平成29年9月27日付でされた平成26年8月27日相続開始
　　　　　　　　　　　　　に係る相続税の各更正処分及び過少申告加算税の各賦課決
　　　　　　　　　　　　　定処分

3　　審査請求書の収受年月日　　　平成29年12月22日

※　連絡担当者　　横浜支所　　第2部門　　　　　　　電話 045-641-7901 内線

　　　　　　　　　　　　　　　　　　　　　　　　　　179号様式

裁　決　書

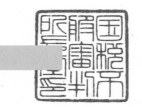

　　　　　　　　　　　　　　　　　　　平30第　　号

　　　　　　　　　　　　　　　　　平成30年8月22日

　　　　　　　　国税不服審判所長

審査請求人
　　住　　　所　　　
　　氏　　　名　　　総代　　　　　ほか1名（共同審査請求人明細別紙）
原 処 分 庁　　藤沢税務署長
原　処　分　　平成29年9月27日付でされた平成26年8月27日相続開始に係る相続
　　　　　　　税の各更正処分及び過少申告加算税の各賦課決定処分

　　　上記審査請求について、次のとおり裁決する。

主　文

　　　審査請求をいずれも棄却する。

理　由

1　事実

(1) 事案の概要

　　　本件は、審査請求人　　　　　（以下「請求人　　　」という。）及び同　　　　　

　　（以下「請求人　　　」といい、請求人　　と併せて「請求人ら」という。）が、

　　相続により取得した宅地について、小規模宅地等についての相続税の課税価格の計

　　算の特例を適用して相続税の申告をしたところ、原処分庁が、請求人　　は被相続

- 1 -

86

審査請求人　総代　　　　　　　ほか1名

省　略

4　当審判所の判断

(1)　法令解釈

　　本件特例は、被相続人等の事業の用又は居住の用に供されていた宅地のうち、一定面積以下のいわゆる小規模宅地等は、相続人等の生活基盤の維持のために欠くこ

- 6 -

とのできないものであって、相続人等において事業の用又は居住の用を廃してこれを処分することに相当の制約があるのが通常であることに鑑み、相続税の課税上特別の配慮を加えることとしたものであると解される。

　　かかる趣旨から、措置法第69条の4第3項第1号ロは、本件特例が適用される「特定事業用宅地等」を、被相続人と「生計を一にしていた」当該被相続人の親族が取得した宅地等に限定しているところ、ここにいう「生計を一にしていた」とは、同一の生活単位に属し、相助けて共同の生活を営み、あるいは日常生活の資を共通にしていたことをいい、また、「生計」とは、暮らしを立てるための手立てであって、通常、日常生活の経済的側面を指すものと解される。

　　これによれば、被相続人と同居していた親族は、明らかにそれぞれが独立した生活を営んでいると認められる場合を除き、通常は、「生計を一にしていた」と認められるものと考えられるが、他方、被相続人と同居していなかった親族が「生計を一にしていた」と認められるためには、当該親族が被相続人と日常生活の資を共通にしていたと認められることを要し、そのように認められるためには、少なくとも、居住費、食費、光熱費その他日常の生活に係る費用の主要な部分を共通にしていた関係にあったことを要するものと解するのが相当である。

(2) 当てはめ

　　本件の場合、上記1の(3)のハのとおり、請求人　　　と本件被相続人は、同居しておらず、「生計を一にしていた」と認められるためには、上記(1)のとおり、請求人　　　　が本件被相続人と日常生活の資を共通にしていたことを要するところ、請求人　　　　は、上記1の(3)のニ及びホのとおり、本件被相続人に係る食費、訪問介護費、日用品費及び医療費等について、本件被相続人名義の預貯金口座から出金した金銭等により支払っており、本件居宅に係るガス、水道及び電気の使用料金も本件被相続人名義の預金口座から支払われていることからすれば、請求人　　　と本件被相続人の間で、居住費、食費、光熱費その他日常の生活に係る費用の主要な部分を共通にしていた関係にはなかったといわざるを得ず、他に日常生活に係る費用の主要な部分を共通にしていたことを示す事実も認められない。

　　したがって、請求人　　　は、本件被相続人と「生計を一にしていた」親族ではないと認められる。

(3) 請求人らの主張について

　請求人らは、措置法第69条の4第1項の「生計を一にしていた」の意義をそれと同一の文言を定める国税通則法基本通達第46条関係9及び法人税基本通達1－3－4と同一に解すべきとした上で、生計を一にするということは、単に納税者と相手方が生活するための金銭を負担し合う関係にあったかどうかということでなく、納税者と相手方が日常生活において相手に力を与え助けることを経常的に行っていたかどうかに判断基準を置くべきであるところ、請求人▢▢▢は、成年後見人の通常業務のほか本件被相続人及び請求人▢▢▢▢の身の回りの世話を行い、さらに、本件宅地を無償で使用させてもらっており、日常生活において相手に力を与え助けることを経常的に行い、生活の資を共通にしていたといえるから、生計を一にしていた親族に該当する旨主張する。

　しかしながら、被相続人と同居していないことが明らかな親族がその被相続人と生計を一にしていたか否かについては、上記(1)のとおりに判断すべきである。請求人らが指摘する各通達の記載のうち、国税通則法基本通達第46条関係9は国税通則法第46条《納税の猶予の要件等》第2項第2号の納税の猶予ができる場合の要件に関するものであり、また、法人税基本通達1－3－4は法人税法第2条《定義》第10号及び法人税法施行令第4条《同族関係者の範囲》第1項第5号の同族会社の判定のための同族関係者の範囲を画する基準に関するものであって、いずれも本件特例とはその趣旨（前記(1)）や適用場面を異にするから、それぞれにおける「生計を一」の意義についても直ちに同一に解すべきとは認められない。

　したがって、請求人らの主張は採用することができない。

(4) 本件各更正処分の適法性について

　上記(2)のとおり、請求人▢▢▢は本件被相続人と「生計を一にしていた」親族に該当しないから、本件宅地について本件特例を適用することはできない。これを前提とする本件宅地について課税価格に算入すべき価額は54,720,809円となり、当該価額に基づき計算した請求人らの課税価格及び納付すべき税額は、いずれも本件各更正処分におけるそれぞれの金額と同額となる。

　なお、本件各更正処分のその他の部分については、請求人らは争わず、当審判所に提出された証拠資料等によっても、これを不相当とする理由は認められない。

　したがって、本件各更正処分はいずれも適法である。

(5) 本件各賦課決定処分の適法性について

審査請求人　総代　　　　　　　　ほか1名

　　上記(4)のとおり、本件各更正処分は適法であり、本件各更正処分により納付すべき税額の計算の基礎となった事実が本件各更正処分前の税額の計算の基礎とされなかったことについて、国税通則法（平成28年法律第15号による改正前のもの）第65条《過少申告加算税》第4項に規定する正当な理由があるとは認められない。

　　そして、当審判所においても、請求人らの各過少申告加算税の額は本件各賦課決定処分における各過少申告加算税の額といずれも同額であると認められる。

　　したがって、本件各賦課決定処分はいずれも適法である。

(6) 結論

　　よって、本審査請求は理由がないから、いずれも棄却することとし、主文のとおり裁決する。

本書は、謄本である。

平成 30 年 8 月 29 日

東京国税不服審判所

首席国税審判官　

訴　　状

平成３１年２月１８日

横浜地方裁判所　御中

〒　　　　　　　　　　　　

原　　告　　　　　　　　

〒１０７－００６１　東京都港区北青山１－４－６
　　　　　　　　　２４６青山ビル２階
　　　　　　　　　みなと青山法律事務所（送達場所）
　　　　　　　　　電　話　０３－６８０４－１９８５
　　　　　　　　　ＦＡＸ　０３－６８０４－１９８４
　　　　　　　　　原告訴訟代理人弁護士　　馬　渕　泰　至

〒２３１－００１５　神奈川県横浜市中区尾上町１－４－１
　　　　　　　　　ＳＴビル７階
　　　　　　　　　税理士田中潤事務所
　　　　　　　　　電　話　０４５－６８１－６３９１
　　　　　　　　　ＦＡＸ　０４５－６４１－３５０４
　　　　　　　　　原告補佐人税理士　　田　　中　　潤

〒１００－００１３　東京都千代田区霞が関１－１－１
　　　　　　　　　被　　　告　　　国
　　　　　　　　　代表者法務大臣　　山　下　貴　司

〒２５１－８５６６　神奈川県藤沢市朝日町１－１１
　　　　　　　　　処分した行政庁　藤沢税務署長

1

相続税更正処分等取消請求事件

訴訟物の価額　728万7600円

貼用印紙額　　4万0000円

請　求　の　趣　旨

1　藤沢税務署長が、平成29年9月27日付でした原告の平成26年8月27
　日相続開始にかかる相続税の更正処分のうち課税価格5920万4000円、
　納付すべき税額509万1200円を超える部分及び過少申告加算税賦課決定
　処分を取り消す。

2　訴訟費用は、被告の負担とする。
　との判決を求める。

請　求　の　原　因

第1　はじめに

　1　本件訴訟の概要

　　　本件訴訟は、相続税申告において、租税特別措置法69条の4第1項の特例
　　（以下「小規模宅地の特例」という。）の適用の有無、中でも同条項の「生計
　　を一にしていた」の該当性を争うものである。

　2　被相続人と原告について

　⑴　被相続人　　　　は、大正14年1月15日生まれであり、平成26年8月
　　　27日、すい臓がんにより死亡している。享年89歳であった。

　　　　被相続人は、　　　　家の家督相続をすべく、昭和10年5月31日、戸主で
　　　ある　　　　　　（異父姉）と養子縁組し、同年6月26日、　　　家の家督相続
　　　をしている（甲1）。

　　　　原告は、被相続人の甥（被相続人の兄である　　　　の子）であり、　　　家を

2

継承すべく、昭和２６年５月１６日、被相続人との間で養子縁組をした（甲
１）。

＜親族関係図＞

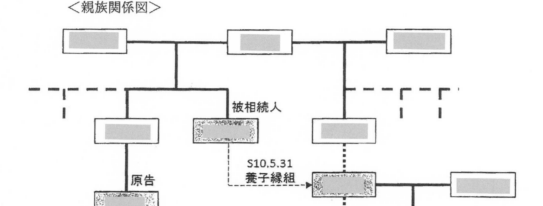

(2)　被相続人は、夫███████と長女████████（中度知的障害、Ｂ１）と３人で暮
　らしており、原告は、高齢となった被相続人らの日常生活の世話、支援をし
　てきた。特に、████の死後（平成２２年６月１４日死亡）、被相続人の物忘
　れはひどくなり、被相続人による█████の世話が困難となり、原告による被
　相続人及び████に対する献身的な世話、支援が始まった。また、原告は、
　被相続人らの世話、支援をするにあたり、交通費、食事代、ヘルパー利用料、
　その他生活費、葬儀費用等につき、自らの財産を拠出した。なお、被相続人
　や█████の日常の世話、支援ができるものは、法定相続人である原告の家族
　の他にはいなかった。

　　原告は、被相続人らの日常生活の世話、支援をやりやすくするため、平成
　２２年９月２１日、被相続人と████につき、原告を後見人とする成年後見
　開始の申立てを行い（甲２）、同申立ての審判は、平成２３年２月１６日に
　確定した（甲３）。

3

94

3　原告の行った後見業務

　　原告は、被相続人の成年後見人に就任してから、下記(1)から(5)の業務を行った。また、後見業務である財産管理業務及び身上監護業務のみならず、食材や日用品を提供したり、食事を作って持って行ったり、掃除や廃棄処分をしたり、病院などに連れて行ったり、自宅修繕を段取りして立ち会ったり、あらゆる生活支援を行ってきた。

　　本来、成年後見人は、後見業務を行った対価として年間６０万円程度の報酬を受け取ることができるところ、原告は、報酬付与の申立ては行わず、全て無償で後見業務を行ってきた。

　　また、原告が立て替えた費用あるいは原告が提供した労務については、被相続人に請求できるところ、かかる費用の請求もしなかった。

＜原告の行ってきた後見業務＞

(1)　原告は、被相続人の成年後見人に就任した後、被相続人の財産を調査し、平成２３年３月２２日、横浜家庭裁判所に対し、速やかに後見事務計画書及び財産目録を提出した（甲４）。

(2)　原告は、平成２３年２月１６日から被相続人の後見業務を行い、金銭出納帳で金銭管理を行い、自ら行った後見事務については後見事務経過一覧表にまとめた。

　　そして、原告は、平成２４年３月１５日、横浜家庭裁判所に対し、後見事務報告書、後見事務経過一覧表、金銭出納帳及び財産目録を提出した（甲５）。

(3)　原告は、平成２４年３月１５日以降も引き続き被相続人の後見業務を行い、金銭出納帳で金銭管理を行い、自ら行った後見事務については後見事務経過一覧表にまとめた。また、被相続人の夫　　　　　の遺産分割もまとめ、所得税の確定申告も行った。

　　そして、原告は、平成２５年３月２０日、横浜家庭裁判所に対し、後見事務報告書、後見事務経過一覧表、金銭出納帳、財産目録、遺産分割協議書及

4

び所得税の確定申告書を提出した（甲6）。

⑷　原告は、平成25年3月20日以降も引き続き被相続人の後見業務を行い、金銭出納帳で金銭管理を行い、自ら行った後見事務については後見事務経過一覧表にまとめた。

　　そして、原告は、平成26年3月31日、横浜家庭裁判所に対し、後見事務報告書、後見事務経過一覧表、金銭出納帳、財産目録を提出した（甲7）。

⑸　原告は、平成26年3月31日以降も引き続き被相続人の後見業務を行い、金銭出納帳で金銭管理を行い、自ら行った後見事務については後見事務経過一覧表にまとめていた。

　　平成26年8月27日、被相続人は、すい臓がんにより死亡した。

　　原告は、平成26年10月5日、横浜家庭裁判所に対し、後見事務終了報告書、後見事務経過一覧表、金銭出納帳、財産目録を提出し（甲8）、原告の後見業務は終了した。

　　以上のとおり、原告は、平成23年2月16日から平成26年8月27日までの3年6か月の間、膨大な後見業務を全て無償で行ってきた。

　　本来、後見業務が年間60万円程度の報酬を受け取ることができることに鑑みると、原告は、被相続人に対し、210万円（60万円×3.5年）に相当する経済的負担をしていたものと評価できる。

　　また、原告が、被相続人のために立て替えた費用及び提供した労務に相当する対価相当分についても原告が負担していたものと評価できる。

第2　相続税の申告と更正処分

1　原告は、平成27年6月26日、藤沢税務署に対し、被相続人の相続に関する相続税の申告（当初申告）を行った（甲9）。

　　原告は、平成29年8月3日、上記当初申告につき、修正申告を行った（甲10）。

5

2　原告は、上記当初申告及び修正申告において、被相続人と別居しているものの、生計を一にしており、被相続人の所有する宅地上（　　　　　　　　　　　　　　　　　　　　）に建物（未登記）を所有し、建設業を営んでいたことから、小規模宅地の特例を適用して宅地を評価し、税額を算出した（甲１０）。

3　原告は、被相続人の相続税の修正申告に対し、平成２９年９月２７日、藤沢税務署長から、「生計を一にしていた」には該当せず、小規模宅地の特例は適用できないとの理由で、更正処分と過少申告加算税の賦課決定処分を受けた（甲１２）。

		当初申告	修正申告	賦課決定処分	更正処分等
	年月日	H27.6.26	H29.8.3	H29.8.21	H29.9.27
原告	課税価格	45,787,000	59,204,000		99,596,000
	納付すべき税額	2,937,600	5,091,200		12,378,800
	過少申告加算税の額			215,000	1,053,000
	課税価格	86,179,000	99,596,000		99,596,000
	納付すべき税額	1,855,500	5,068,800		8,778,800
	過少申告加算税の額			388,500	556,500

第3　不服の申立

1　原告は、上記処分を不服として、平成２９年１２月２２日、東京国税不服審判所に審査請求を行ったが、同審判所は、平成３０年８月２２日付で棄却し（甲１３）、同月２９日付で裁決書を原告らに送達した（甲１４）。

2　しかし、以下の理由により、藤沢税務署及び国税不服審判所の判断には理由がない。

6

つまり、原告は、被相続人と別居しつつも、被相続人及び長女＿＿＿の後見人として、同人らの身上監護、財産管理を無償で行ってきた。

原告が、被相続人の後見業務を行っている以上、被後見人の財産を自らの財産と分別管理すべき義務があり（民法８５９条）、故に、原告は、被相続人の居住費、食費、光熱費、その他日常生活に係る費用につき、自らの家計とは区別しての管理を余儀なくされていた。

他方で、原告は、被相続人の後見業務につき、一切の報酬付与申立をしておらず（２１０万円程度と見込まれる。）、また、後見業務の範囲外であり、本来であれば有償となるべき日常生活の世話、支援についても、被相続人に一切の費用を請求せずに行ってきた。

原告が、被相続人に対し、報酬付与請求をせず、また、立替金、労務提供の対価を請求しなかったのは、被相続人と原告は親子であり、いずれ発生する相続によって結果的に財産と負債が混同するからであって、請求する実益がなかったからである。

これらの事情は、被相続人と原告がまさに生計を一にしていたことの証左といえ、本件相続税の申告において、租税特別措置法６９条の４第１項は適用されるべきである。

原告と被相続人は、無償で後見業務を行うほど濃密かつ特別な関係性、献身的な関係性があるにもかかわらず、原告が被相続人の成年後見人となることによって、原告には被相続人の財産管理義務が発生し、故に生計を一にしないと形式的に判断することは、租税特別措置法６９条の４第１項の趣旨に反すると言わざるを得ない。

3　よって、藤沢税務署による更正処分と過少加算税賦課決定処分は違法な課税処分であり、原告は、同処分の取消を求め、本訴に及んだ次第である。

7

平成31年　　　第　　号　相続税更正処分等取消請求事件

原　　告

被　　告　　国（処分をした行政庁　藤沢税務署長）

答　弁　書

平成31年4月24日

横浜地方裁判所第1民事部合議A係　御中

被告指定代理人

〒102−8225　東京都千代田区九段南一丁目1番15号　九段第2合同庁舎

東京法務局訟務部

部　　付	
訟　務　官	
訟　務　官	

〒231−8411　横浜市中区北仲通五丁目57番地　横浜第2合同庁舎

横浜地方法務局訟務部門（送達場所　　　　宛て）

（電　話　045−641−7934）

（FAX　045−224−4759）

上席訟務官	
訟　務　官	
法務事務官	

〒１０４－８４４９　東京都中央区築地五丁目３番１号
東京国税局課税第一部国税訟務官室

国 税 訟 務 官

主 　 　 査

国 税 実 査 官

第１　請求の趣旨に対する答弁

請求の趣旨第１項につき，「平成２９年９月２７日付でした」とあるのを「平成２９年９月２７日付けで原告に対してした」と，「原告の平成２６年８月２７日相続開始にかかる相続税」とあるのを「被相続人[redacted]の平成２６年８月２７日相続開始に係る相続税」と解した上で，以下のとおり答弁する。

１　原告の請求を棄却する

２　訴訟費用は原告の負担とする

との判決を求める。

第２　課税処分等の経緯

原告に対する課税処分等の経緯は，別表のとおりである。

第３　請求の原因に対する認否及び被告の主張等

追って，準備書面により行う。

以　上

副 本

平成３１年□□□第□□号　相続税更正処分等取消請求事件
原　　告　□□□□
被　　告　国 (処分をした行政庁　藤沢税務署長)

準 備 書 面 ⑴

令和元年７月１日

横浜地方裁判所第１民事部合議Ａ係　御中

被告指定代理人

- 1 -

　被告は，本準備書面において，請求の原因に対する認否をした上で（後記第１），藤沢税務署長が平成２９年９月２７日付けで原告に対して行った，被相続人▪️▪️▪️▪️（以下「**本件被相続人**」という。）の相続（以下「**本件相続**」という。）に係る相続税（以下「**本件相続税**」という。）の更正処分（以下「**本件更正処分**」という。）及び過少申告加算税の賦課決定処分（以下「**本件賦課決定処分**」といい，本件更正処分と併せて「**本件更正処分等**」という。）の根拠及び適法性について主張するとともに（後記第２），事案の概要及び争点を述べ（後記第３），被告の主張を明らかにして（後記第４），原告の主張に対して必要と認める範囲で反論する（後記第５）。

第１　請求の原因に対する認否

１　「**第１　はじめに**」（訴状２ないし５ページ）について

　(1)　「**１　本件訴訟の概要**」について

　　「租税特別措置法」を「租税特別措置法（ただし，平成２７年法律第９号による改正前のもの。以下「**措置法**」という。）と解した上で，認める。

　(2)　「**２　被相続人と原告について**」について

　ア　「**(1)**」について

　　原告と本件被相続人の養子縁組が，「▪️▪️▪️家を継承すべく」行われたことについては不知。

　　その余は，「被相続人」を「本件被相続人」と解し（以下の認否においても同様に解する。）た上で認める。

　イ　「**(2)**」について

　　(7)　第１段落について

　　　a　第１文（「被相続人は」から「支援をしてきた。」まで）について不知。

　　　b　第２文及び第３文（「特に，」から「財産を拠出した。」まで）について

－ 3 －

本件被相続人の夫である　　　　が平成22年6月14日に死亡した
ことは認め，その余は不知。

c　第4文（「なお，被相続人や」から「他にはいなかった。」まで）に
ついて

認否の限りでない。

(イ) 第2段落について

原告を後見人，本件被相続人を被後見人とする後見（以下「**本件後見**」
という。）の開始の審判申立てが，「日常生活の世話，支援をやりやす
くするため」に行われたことについては不知。また，本件被相続人の長
女　　　　　（以下「**訴外**　　　　」という。）を被後見人とする後見開始
の申立て及び当該申立てに係る審判については，本件の争点との関係が
不明のため，認否の限りでない。

その余は認める。

(3)　「3　原告の行った後見業務」について

原告が本件後見において，訴状第1の3 (1)ないし(5)に記載された後見事
務を行ったことは，甲第4号証ないし同第8号証の記載の限度で認め，平成
26年8月27日（以下「**本件相続開始日**」という。）に本件被相続人が死亡
したこと，平成26年10月5日に横浜家庭裁判所に後見事務終了報告書等
を提出して，本件後見に係る原告の後見事務（以下「**本件後見事務**」という。）
が終了したことは認め，その余は不知ないし争う。

省　略

- 4 -

第3　事案の概要及び争点

　　本件は，原告が，本件相続により取得した本件土地のうち，４００平方メートルの部分について，本件特例の適用があるとしてその評価額の８０パーセントを減額した内容の本件当初申告及び本件修正申告をしたことに対し，藤沢税務署長が，原告は本件被相続人と生計を一にしていた親族に該当しないことから，本件特例の適用はないとして，原告に対して本件更正処分等をしたところ，原告がこれを不服として本件更正処分等の取消しを求めている事案である。

　　したがって，本件の争点は，原告が，本件特例の適用要件である，本件被相続人と「生計を一にしていた」親族に該当するか否かである。

第4　被告の主張

1　本件特例の概要及び適用を受けるための要件等

(1)　本件特例の概要について

　　措置法６９条の４第１項は，個人が相続又は遺贈により取得した財産のうちに，当該相続の開始の直前において，当該相続若しくは遺贈に係る被相続人又は当該被相続人と生計を一にしていた当該被相続人の親族（以下「**被相続人等**」という。）の事業の用若しくは居住の用に供されていた宅地等（土地又は土地の上に存する権利をいう。）で財務省令に定める建物又は構築物の敷地の用に供されているもののうち政令で定めるもの（以下「**特例対象宅地等**」という。）がある場合には，当該相続又は遺贈により財産を取得した者に係る全ての特例対象宅地等のうち，当該個人が取得をした特例対象宅地等又はその一部で同項の規定の適用を受けるものとして政令で定めるところにより選択したもの（以下「**選択特例対象宅地等**」という。）については，同条２項に規定する限度面積要件を満たす場合の当該選択特例対象宅地等（以下「**小規模宅地等**」という。）に限り，相続税の課税価格に算入すべき価額は，当該小規模宅地等の価額に，次に掲げる小規模宅地等の区分に応じ，次に定める割合を乗じて計算した金額とする旨規定している。

　ア　特定事業用宅地等である小規模宅地等，特定居住用宅地等である小規模宅地等及び特定同族会社事業用宅地等である小規模宅地等

　　　　１００分の２０

　イ　貸付事業用宅地等である小規模宅地等

　　　　１００分の５０

(2)　特定事業用宅地等の意義について

　　特定事業用宅地等とは，被相続人等の事業（不動産貸付業その他政令で定めるものを除く。以下，この(2)において同じ。）の用に供されていた宅地等で，次に掲げる要件のいずれかを満たす当該被相続人の親族が相続又は遺贈により取得したものをいうこととされている（措置法６９条の４第３項１号）。

　ア　当該親族が，相続開始時から相続税法２７条の規定による申告書の提出期限（以下，この(2)において「申告期限」という。）までの間に当該宅地等の上で営まれていた被相続人の事業を引き継ぎ，申告期限まで引き続き当該宅地等を有し，かつ，当該事業を営んでいること（同号イ，乙第２号証５６ページ・【図表１３－２】参照）。

　イ　当該親族が当該被相続人と生計を一にしていた者であって，相続開始時から申告期限まで引き続き当該宅地等を有し，かつ，相続開始前から申告期限まで引き続き当該宅地等を自己の事業の用に供していること（同号ロ，乙第２号証５７ページ・【図表１３－３】参照）。

(3)　**本件特例の趣旨について**

　ア　本件特例は，前記(1)のとおり，個人が相続又は遺贈により取得した財産のうちに，相続開始の直前において，被相続人等の事業の用又は居住の用に供されていた宅地等がある場合には，そのうち一定の部分について，相続税の課税価格に算入すべき価額の計算上，一定の割合を減額するというものであるが，これは，被相続人の事業又は居住の用に供されていた小規模な宅地等については，一般にそれが相続人等の生活基盤の維持のために欠くことのできないものであって，その処分について相当の制約を受けるのが通常であることを踏まえ，中小企業の円滑な事業承継の観点から，相続税の課税上特別の配慮を加えることとしたものである（乙第３号証１７１及び１７７ページ）。

　イ　また，本件特例は，昭和５８年法律第１１号により新設されたものであるが，創設前においては，通達（昭和５０年６月２０日付け直資５－１７「事業又は居住の用に供されていた宅地の評価について」通達。なお，当該通達は，本件特例の創設に伴い廃止された。）の取扱いにより，被相続人の事業の用又は居住の用に供されていた一定の宅地等について評価額が２０パーセント減額されていた（乙第３号証１７７ページ及び同第４号証

４０４７の２ページ）ところ，本件特例において，被相続人の事業の用又は居住の用に供されていた宅地等（前記(2)ア）のほか，被相続人の親族で被相続人と生計を一にしていたものの事業の用又は居住の用に供されていた宅地等（前記(2)イ）も本件特例の対象とすることができることとされた。

　　これは，仮に，被相続人の事業の用又は居住の用に供されていた宅地等だけに限って本件特例の対象とすることができることとする場合には，例えば，被相続人が所有していた宅地等で被相続人の配偶者が事業を営んでいる場合などについて本件特例が及ばないこととなり，このようなことは本件特例の趣旨に照らせば必ずしも適当ではないと考えられたことによるものである（乙第３号証１７８ページ）。

(4)　「生計を一にしていた」の意義について

　ア　本件特例における「生計を一にしていた」の意義については，相続税法上，定義された規定はないものの，一般的には「生計」とは，「暮らしを立てるための手立て」を意味する用語である（乙第５号証）ことからすれば，日常生活の経済的側面を指すものと解される。そして，前記(3)のとおり，取り分け，本件特例が，小規模な宅地等が相続人等の生活基盤の維持のために欠くことのできないものであることを根拠の一つとしていることからすれば，「生計を一にしていた」との要件は，被相続人と相続人等の日常生活の経済的側面の結びつきの観点から設けられたものと考えられる。

　イ　この点，福岡高等裁判所平成１９年７月１９日判決（税務訴訟資料２５７号順号１０７５６〔乙第６号証〕）は，本件特例における「生計を一にしていた」とは，日常生活の糧を共通にしていたことを意味するものと解するのが相当であるとした上で，納税者と被相続人の関係について，食材の購入等は，ほとんど納税者の妻が行っていた事実を前提としつつも，①別居していたこと，②生活費の支出が共通になされていないこと及び③被相続人が自ら収入を得て，社会保険にも加入していた状況から，納税者と

- 14 -

　　　被相続人の生計は各自独立していたものと推認され，納税者が被相続人と
　　　「生計を一にしていた者」とはいえない旨判示している。

　ウ　そうすると，本件特例の適用に当たり，「生計を一にしていた」ものと
　　　されるためには，その親族が被相続人と日常生活の糧を共通にしていたこ
　　　とを要し，その判断は社会通念に照らして個々になされるところ，前記ア
　　　で述べたところからすれば，少なくとも居住費，食費，光熱費その他日常
　　　の生活に係る費用の全部又は主要な部分を共通にしていた関係にあったこ
　　　とを要するものと解される。

　エ　以下，本件における事実関係を明らかにした上で(後記２)，本件では，
　　　この「生計を一にしていた」との要件が満たされないことから，本件土地
　　　について本件特例が適用できないことを明らかにする(後記３)。

２　本件における事実関係

(1) 原告に関する事実関係

　ア　原告は，本件相続により，本件土地を取得し，本件相続税の申告期限ま
　　　で引き続き本件土地を所有していた(乙第７号証)。

　イ　原告は，本件土地上に建物を所有し，当該建物は，本件相続の開始前か
　　　ら本件相続税の申告期限まで引き続き原告の営む建設業の用に供されてい
　　　た(訴状第２の２・６ページ)。

　ウ　原告の住所は，昭和５７年５月１５日以降，
　　　であり(乙第８号証)，本件被相続人とは別居していた(訴状第２の
　　　２・６ページ，同第３の２・７ページ)。

　　　なお，本件被相続人の住所は，昭和３４年６月１２日以降，
　　　であった(乙第９号証)。

　エ　原告は，本件後見の開始以後，本件被相続人の居住費，食費，光熱費そ
　　　の他日常の生活に係る費用について，原告の家計とは区別して管理してい
　　　た(訴状第３の２・７ページ)。

オ　原告が本件後見の開始の申立てに際して横浜家庭裁判所に提出した「申立書附票(3)《後見人等候補者照会書》」には，当該申立て現在における原告の世帯及び原告に係る経済状況について，世帯収入は年４００万円であり，うち原告の収入は年３００万円であることのほか，原告が土地，家屋及び約３０００万円の預貯金を有し，負債を負っていない旨記載されていた（甲第２号証９及び１０枚目）。

(2)　本件被相続人の財産管理について

ア　本件後見を開始する審判は，平成２３年２月１６日に確定し（甲第８号証３枚目），原告は，本件被相続人の後見人として，本件被相続人の財産管理を行うこととなった（訴状第１の３・４ページ）。

　　なお，横浜家庭裁判所は，選任された後見人に対し，被後見人の収入及び支出は，金銭出納帳をつけて管理するよう求めている（乙第１０号証「成年後見人Ｑ＆Ａ」の「質問と解説編」１５ページ）。

イ　本件後見の開始から本件相続開始日までの間，本件被相続人に関する支出は，その支払方法に応じ，現金によるものについては金銭出納帳（以下「**本件出納帳**」という。）により，口座引き落としによるものは本件被相続人名義の三浦藤沢信用金庫（現かながわ信用金庫）　　支店の普通預金口座（口座番号　　　　　　　　，以下「**本件預金口座**」という。）により管理されていた。

　　そして，本件出納帳で管理されていた現金及び本件預金口座からは，本件被相続人に係る食費（食材及び宅配の弁当の購入），日用品費，ガソリン代，水道光熱費，電話料金，訪問介護費，医療費，健康保険料，固定資産税，本件後見に係る後見事務費及び後見監督人に対する報酬等が支払われていた（甲第５号証７ないし１２枚目・７０枚目・８１ないし８３枚目，同第６号証２２枚目・３３ないし３７枚目・５０及び５１枚目，同第７号証８及び９枚目・１４ないし１９枚目・３８ないし４０枚目，同第８号証

- 16 -

１１ないし１４枚目・２０ないし２３枚目，乙第１１号証）。

ウ　本件出納帳で管理されていた現金は，別表４のとおり，平成２６年４月
７日及び同年５月２７日に繰り入れた各３０万円並びに本件被相続人の自
宅で発見された少額の現金を繰り入れたものを除き，本件預金口座又は本
件預金口座の預金を原資とする本件被相続人名義のゆうちょ銀行の通常貯
金若しくは横浜銀行　　　　　　　　　の普通預金口座からそれぞれ出
金されたものであった。

なお，平成２６年４月７日及び同年５月２７日に繰り入れた各３０万円
は，訴外　　　　の現金として管理されていたものから振り替えたもので
ある（甲第８号証１２枚目の「２６年４月７日」及び「２６年５月２７日」
の「収入金額」欄）。

エ　本件預金口座には，本件被相続人の年金及び本件被相続人が保有する有
価証券に係る配当金が入金されていた（乙第１１号証）ほか，平成２４年８
月２９日には，本件被相続人が夫である　　　から相続した預金（１３２
４万７０４０円）が入金された（甲第６号証７枚目及び３６枚目〔平成２４
年８月２９日の取引に係る記帳部分〕）。

オ　本件後見の開始から本件相続開始日までの間，本件預金口座には，原告
を振込・送金元とする入金はなく，また，本件預金口座から原告を振込・
送金先とする支払はない（乙第１１号証）。

(3)　**本件後見について**

ア　本件後見については，後見人である原告から横浜家庭裁判所に後見事務
報告書が提出され，当該報告書には，後見事務経過一覧表のほか，本件出
納帳及び本件預金口座に係る通帳の写しが添付されている（訴状第１の３
(2)ないし(5)・４及び５ページ，甲第５号証ないし同第８号証）。

イ　本件後見事務について，本件後見に係る後見監督人に選任された　　　
　　（以下「**本件監督人**」という。）は，横浜家庭裁判所に対し，本件被相続

人の身上監護に問題はなく，財産管理について不適切な支出は認められない旨の報告をした（乙第12号証の1ないし3）。

3　原告は本件被相続人と「生計を一にしていた」親族ではないから，本件土地について本件特例を適用することはできないこと

　　本件土地は，本件被相続人の事業の用に供されたものではないことから，本件特例を適用するには，措置法69条の4第3項1号ロの要件（前記1(2)イ）を満たす必要があるところ，本件の場合，原告は，本件相続の開始時から本件相続税の申告期限まで，引き続き本件土地を有し，かつ，引き続き本件土地を原告が営む建設業の用に供していたことが認められる（前記2(1)ア及びイ）ものの，原告と本件被相続人が，前記1(4)ウのとおり，「生計を一にしていた」ものとされるためには，その親族が被相続人と日常生活の糧を共通にしていたことを要し，少なくとも居住費，食費，光熱費その他日常の生活に係る費用の全部又は主要な部分を共通にしていた関係にあったことを要する。

　　これを本件についてみると，本件後見の開始後においては，本件被相続人の食費，光熱費その他日常の生活に係る費用は，原告の家計とは区別された（前記2(1)エ）上で，それらの費用に係る支出は，本件出納帳及び本件預金口座で管理されていた（前記2(2)イ）ところ，本件出納帳により管理されていた現金は，その大部分が本件預金口座又は本件預金口座の預金を原資とする口座からのもの（前記2(2)ウ）であり，本件預金口座は，本件被相続人の収入及び同人が亡夫から相続した預金が入金された口座である（前記2(2)エ）。

　　そして，本件出納帳及び本件預金口座からは，本件後見に係る後見事務費を除き，原告への支払・出金は認められない一方，本件預金口座に原告からの入金も認められない（前記2(2)イ及びオ）。

　　この点，後見人が被後見人の財産を私的に流用することは，後見人の裁量の範囲外とされている（乙第10号証「成年後見人Q＆A」の「質問と解説編」19ページ）ところ，本件監督人は，本件後見に係る財産管理について適切で

- 18 -

あると判断し，その旨家庭裁判所に報告している（前記２(3)イ）上，原告は，本件土地上で建設業を営み（前記２(1)イ），また，原告の資産及び負債の状況（前記２(1)オ）に照らせば，本件被相続人から生活費等の援助を受ける必要性もうかがわれない。

　以上のことから，原告と本件被相続人は，居住費，食費，光熱費その他日常の生活に係る費用の全部又は主要な部分を共通にしていた関係にはなく，日常生活の糧を共通にしていたとはいえず，「生計を一にしていた」とは認められないことから，本件土地について，本件特例を適用することはできない。

第５　原告の主張に対する反論

１　原告の主張

　原告は，本件後見事務の報酬及び原告が本件被相続人のために立て替えた費用，また，本件後見事務の範囲外であり，有償となるべき本件被相続人に対する日常生活の支援等の対価について本件被相続人に請求しなかったのは，これらを請求しても，いずれ発生する相続によって原告が有する上記債権と本件被相続人が負う債務について混同が生じることから，請求する実益がなかったためであるとした上で，①このような事情は，本件被相続人と原告がまさに生計を一にしていたことの証左といえ，また，②原告と本件被相続人は，無償で本件後見事務を行うほど濃密かつ特別な関係性，献身的な関係性があるにもかかわらず，原告が本件被相続人の成年後見人となることによって，原告には本件被相続人の財産管理義務が発生しているのであるから，原告と本件被相続人は生計を一にしないと形式的に判断するのは本件特例の趣旨に反すると言わざるを得ず，本件土地について本件特例は適用されるべきである旨主張する（訴状第３の２・６及び７ページ）。

２　被告の反論

(1)　しかしながら，前記第４の１(4)ウのとおり，被相続人と「生計を一にし

ていた」ものとされるためには，その親族が，被相続人と日常生活の糧を共通にしていたか否かによって判断し，その判断に当たっては，少なくとも居住費，食費，光熱費その他日常の生活に係る費用の全部又は主要な部分を共通にしていた関係にあったことを要するのであって，仮に，原告が，本件被相続人に対して，本件後見事務の報酬や立替金，日常生活の支援等に係る労務対価を請求できたとしても，あくまで，労務の対価に過ぎず，これを請求しなかったことが，日常の生活に係る費用の全部又は主要な部分を共通にしていたものであるとは認められず，原告と本件被相続人が「生計を一にしていた」と判断されるものではない。

(2)　また，原告が，本件特例の趣旨をどのように解しているか明らかでないものの，本件特例の趣旨は，前記第4の1(3)で述べたとおり，被相続人の事業の用又は居住の用に供されていた小規模な宅地等については，それが相続人等の生活基盤の維持のために欠くことができないものであり，中小企業の円滑な事業承継の観点から，相続税の課税上特別の配慮を加えることとしたものである。そして，従来，被相続人の事業の用又は居住の用に供されていた一定の宅地等について評価額が減額されていたものが，被相続人の親族で被相続人と生計を一にする者の事業の用又は居住の用に供されていた宅地等も本件特例の対象となった趣旨も同様である。

　　この点につき，本件特例の概要を解説する書籍によれば「父が不動産を無償で貸し付け，生計を一にする息子が，事業を始めたような場合は，（中略）父親の宅地で事業が営まれ，その事業によって被相続人の生計が支えられているわけですので，2（引用者注：被相続人の事業を親族が引き継ぐ場合。以下同じ。）と区別する必要はなく，被相続人が残した事業と同じく保護すべきです。（中略）生計を別にする子が父の事業を生前に承継しているような場合は，特定事業用宅地等には該当しません。子が営む事業は被相続人の生計とは無関係なわけですから，被相続人が残した家業を承継する2と同一視

することはできないからです。」（乙第2号証56ないし58ページ）と解説
されているところである。

　加えて，前記第4の1⑷で述べたとおり，本件特例の適用に当たり，「生
計を一にしていた」ものとされるためには，その親族が被相続人と日常生活
の糧を共通にしていたことを要し，その判断は社会通念に照らして個々にな
されるところ，少なくとも居住費，食費，光熱費その他日常の生活に係る費
用の全部又は主要な部分を共通にしていた関係にあったことを要すると解さ
れるのであり，当該解釈は，上記の本件特例の趣旨である「相続人等の生活
基盤の維持」の点に加え，「中小企業の円滑な事業承継」の点からしても相
当であるといえる。

　そして，原告は，原告と本件被相続人は「濃密かつ特別な関係性」や「献
身的な関係性」があったと主張するが，原告が主張する理由は，本件特例の
趣旨である「相続人等の生活基盤の維持」や「中小企業の円滑な事業承継」
とは関係のないものであり，本件においては，前記第4の3で述べたとおり，
本件被相続人の生活費等の支出状況及び本件被相続人と原告の間における生
活費等の援助の有無から，原告と本件被相続人が「生計を一にしていた」と
は認められないのであって，本件土地について，本件特例を適用できないの
は明らかである。

⑶　以上のことから，原告の主張には理由がない。

第6　結語

　以上のとおり，本件更正処分等は適法であるから，原告の請求は速やかに棄
却されるべきである。

以　上

平成３１年　　　　第　　号　相続税更正処分等取消請求事件

原告

被告　国（処分をした行政庁　藤沢税務署）

第１準備書面

令和元年８月２９日

横浜地方裁判所第１民事部合議Ａ係　御中

　　　　　　　　　　原告訴訟代理人弁護士　　馬　渕　泰　至

　　　　　　　　　　原告補佐人税理士　　田　中　　潤

第１　令和元年７月１日付被告準備書面（１）「第２」に対する認否

１　１（１）の課税価格、同アの取得財産の価額は否認する。

　　本件土地に小規模宅地の特例が適用される結果、課税価格は１億５８８０万円、取得財産の価額は１億５９７８万９６６７円である。

２　同ア（ア）の本件土地の価額は否認する。

　　小規模宅地の特例が適用される結果、本件土地の価額は１４３２万８８１０円となる。

３　同ア（イ）のその他の財産の価額は認める。

４　１（２）アの課税遺産総額は否認する。

　　課税遺産総額は８８８０万円である。

５　同イの原告と　　　　の法定相続分に応じた取得金額は否認する。

　　原告と　　　　の法定相続分は各４４４０万円である。

６　同ウの相続税総額は否認する。

　　相続税総額は１３７６万円である。

1

7　同エ、オの原告の相続税額は否認する。

原告の相続税額は５０９万１２００円である。

8　2、3は争う。

9　第3は争う。

たしかに、争点の一つは、原告が被相続人と「生計を一にしていた」親族に該当するか否かであるが、本件訴訟のより実質的な争点は、生計一要件の判断において、被相続人が成年被後見人であるという特殊性をどのように考慮すべきかである。

10　第4は争う。

第2　原告の反論

1　争点

本件争点は二つある。

一つは、被告も指摘している原告が被相続人と「生計を一にしていた」親族に該当するか否かであり、「生計を一にしていた」（以下「**生計一**」という。）の法解釈である。

もう一つは、生計一要件の判断において、被相続人が成年被後見人であるという特殊性をどのように考慮すべきかという問題である。

2　小規模宅地の特例の趣旨

この点、被告も指摘するとおり、特定事業用宅地等に小規模宅地の特例を認める趣旨は、一般にそれが相続人等の生活基盤の維持のために欠くことのできないものであって、その処分について相当の制約を受けるのが通常であることを踏まえ、中小企業の円滑な事業承継の観点から、相続財産の評価において特別な配慮を加える点にある（乙3）。

端的に言うと、父親の事業を相続後の親族の生活基盤として保護する趣旨である（乙2、60頁15行目参照）。

そして、被相続人の所有する事業用宅地のみならず、生計一親族の所有する事業用宅地も含める理由は、必ずしも、被相続人の死亡をきっかけに被相続人の事業が後継者に承継される訳ではなく、むしろ、被相続人の生前に後

2

継者に事業承継されるケースがほとんどであり、そのようなケースに小規模宅地の特例が適用できないとすれば、特定事業用宅地等に小規模宅地の特例を認めた特別な配慮が無駄になってしまうからである（乙２、５６頁、６０頁参照）。

　そうすると、特定事業用宅地等に小規模宅地の特例を認める趣旨は、父親の事業あるいは父親から承継した事業を相続後の親族の生活基盤として保護する趣旨と捉えることができる。

　原告の事業（大工）も、被相続人の生前、被相続人から事業承継を受けたものであり、まさに上記趣旨が妥当する。

　生計一要件の法解釈、適用においても、上記趣旨が尊重されなければならないことは言うまでもない。

３　生計一要件の検討

　生計一要件の内容について租税特別措置法は何ら言及しておらず、相続税法にも生計一要件を定めた条項はないことから、租税特別措置法を特別法とした場合の一般法にあたる所得税法における生計一要件の裁判例から検討する。

　なお、租税法律主義から導かれる課税要件明確主義からは、所得税法における生計一要件と租税特別措置法における生計一要件（あるいは資産課税における生計一要件）の解釈を恣意的に異ならせることは許されず、統一的な解釈が必要であることは言うまでもない。

　最高裁昭和５１年３月１８日判決（甲１５）は、所得税法５６条における生計一要件につき、「有無相扶けて日常生活の資を共通にしてい」るかとの規範を立てている。また、浦和地裁平成１２年１２月４日判決（甲１６）では、「生計を一にするとは、同一の生活単位に属し、相助けて共同の生活を営み、ないしは日常生活の糧を共通にしていることと解される。」との規範を定立し、「原告が乙とは独立した生活を営んでいると認める事情としては不十分というべきであるから、結局、原告は、乙と同一の生活単位に属し、相助けて共同の生活を営み、ないしは日常生活の糧を共通にしていると認めるのが相当であって、前条の規定にいう生計を一にしている関係にある

3

というべきである。」と判断している。

　つまり、生計一要件は、①同一の生活単位に属しているか（独立した生活を営んでいないか）、②相助けて共同生活を営んでいるか、ないしは日常の生活の糧を共通にしているかによって判断されるべきである。

4　被告規範の問題点

　この点、被告は、広辞苑を根拠に、生計一要件は、経済的側面の結びつきの観点から判断すべきとし、ことさら「日常生活の糧を共通にしていたか」という形式的な要素のみで判断すべきと主張する。

　また、その具体的な内容として、「その判断は社会通念に照らして個々になされるところ」、「少なくとも居住費、食費、光熱費その他日常の生活に係る費用の全部又は主要な部分を共通にしていた関係にあったことを要する」と主張する（以下「**被告規範**」という。）。

　しかし、「日常生活の糧を共通にしていたか」の判断が社会通念に照らして個々になされるべきと考えるのであれば、必ずしも「居住費、食費、光熱費その他日常の生活に係る費用の全部又は主要な部分を共通にしていた関係にあったことを要する」と限定する必要はないのではないだろうか。被告規範定立には論理一貫性がない。

　また、被告規範は、形式的、硬直的に過ぎ、父親から承継した事業を相続後の親族の生活基盤として保護するために小規模宅地の特例に生計一親族の事業用宅地も対象とした趣旨を没却させかねない。特に、本件のような成年後見人のケースにおいて、被告規範を硬直的に適用すると、不都合が生じる（後記6で詳述する。）。

　原告としても、生計一要件の判断要素の一つとして、被告規範を用いること自体は否定するものではないが、被告規範が生計一要件を判断するための唯一無二の絶対的な規範と解すべきではない。

　さらには、前記最高裁判決は「日常生活の糧を共通にしていたか」のみならず「日常生活において相助けていたか」も重要な判断基準と示しているのである。被告は、前記最高裁判決の解釈を変更する根拠、「日常生活において相助けていたか」を排除し、被告規範を唯一無二の規範とする根拠を何ら

4

説明していない。

5　あてはめ（成年後見人という特殊性）

(1)　原告は、平成２３年１月３１日から平成２６年８月２７日まで被相続人の成年後見人に就任していたという特殊性があり（甲３）、この特殊性をどのように評価、考慮するかが、本件における生計一要件の判断の最も重要なポイントである。

(2)　この点、被告は、被相続人が成年被後見人であるという特殊性のうち、財産分別管理義務の部分のみをことさらとりあげて、被告規範を形式的に適用し、「原告と被相続人は、居住費、食費、光熱費その他日常の生活に係る費用の全部又は主要な部分を共通にしていた関係になかった」と結論づけているが、被告自身が主張している小規模宅地の特例の趣旨や「判断は社会通念に照らして個々になされるべき」という判断手法を一切無視しており、明らかに不当である。

また、被告は、福岡高裁平成１９年７月１９日判決のあてはめ部分も引用しているが（被告準備書面(1)１４頁）、当該裁判例は、成年後見ケースではなく、あてはめ部分は何ら参考になるものではない。

(3)　生計一要件として、①同一の生活単位に属しているか（独立した生活を営んでいないか）、②相助けて共同生活を営んでいるか、ないしは③日常の生活の糧を共通にしているかを社会通念に照らして実質的に検討する。

① 同一の生活単位に属しているか（独立した生活を営んでいないか）

原告は、従前から、被相続人の日常の世話をしており、家計の区別もされていない状況であったが、被相続人の生活能力の著しい低下により、被相続人の成年後見人に就任することとなり、結果、被相続人の財産の分別管理を余儀なくされるようになった。

その後、原告は、３年半以上もの期間、被相続人の成年後見人として、身上監護業務として被相続人の生活の維持や医療、介護等、身上の保護に関する行為を行い、財産管理業務として、被相続人の財産全体を把握し、包括代理権を行使することによりこれらの財産を保存したり、一定の範囲で被相続人のために利用したりする財産の管理に関する行為を無償で

5

行ってきたのである（甲4から甲8）。

　判断能力のない成年被後見人に独立した生活単位など概念することができないことは言うまでもなく、身の回りの世話をする原告と身の回りの世話をしてもらう被相続人が①同一の生活単位に属していることは明らかである。そもそも独立した生活単位を有する者は、判断能力が欠けているという後見開始の要件を満たさず、成年被後見人になり得ないであろう。

② 相助けて共同生活を営んでいるか

　また、身上監護、財産管理を行う原告は被相続人のあらゆる生活を助けており、②相助けて共同生活を営んでいることも明らかである。

③ 日常の生活の糧を共通にしているか

　「日常の生活の糧の共通」という規範についてみると、たしかに、原告には、被相続人の財産分別管理義務があり、原告は、被相続人の居住費、食費、光熱費につき、被相続人の財産から拠出していたが、それは、形式的に原告の財産と被相続人の財産を別々に管理していたという意味合いでしかない。

　そもそも、被相続人には判断能力がなく、自らの能力では日常生活の経済的側面（被告準備書面(1)14頁12行目参照）を担うことができず、そのすべてを原告に依存していたのである。

　そして、原告は、被相続人の包括的代理権を有し、被相続人のために、被相続人の財産を自由に処分できる立場にあり、実際、原告は、被相続人の後見業務のため、被相続人の財産を自由に処分していたのである。

　このように、原告は、原告の財産は当然、被相続人の財産も全て自らのコントロール下にあり、両財産を自由に使っていたのである。かかる状態を社会通念に照らして判断すれば、日常生活の糧を原告の下で共通にしていたと認められる。

6　まとめ

　以上から、原告は被相続人と「生計を一にしていた」親族に該当し、本件相続において、小規模宅地の特例は適用されるべきである。

6

7　被告の結論の不都合性

　　事業用宅地における小規模宅地の特例の趣旨は、父親から事業承継を受けた事業を相続後の親族の生活基盤として保護する点にあるところ、原告も、父親である被相続人の事業（大工）を承継し、その事業を生活基盤としており、まさに、当該趣旨が妥当するケースであった。

　　一般論として、小規模宅地の特例が受けられる状態であったにもかかわらず、その後、被相続人の後見が開始したことで、具体的な事情を考慮することなく、一律、生計一要件を満たさず、小規模宅地の特例を受けられなくなると解すると、後見開始の有無で相続税の負担額が大きく異なり、納税者の間で不公平、不平等が生じる。

　　今後、高齢化社会を迎え、後見開始の増加が見込まれる日本において、上記硬直的、不平等な運用は避けなければならない。

　　言うまでもないが、小規模宅地の特例は、成年後見ケースを排除するものではないし、両立しうる制度である。

　　また、親族に被相続人の財産管理義務があれば、生計一要件を絶対に満たさないと解する必然性もない。

　　よって、成年後見ケースにおける生計一要件の判断は、事業用宅地における小規模宅地の特例の趣旨を尊重しつつ、被相続人に、自らの能力では日常生活の経済的側面を担うことができず、そのすべてを原告に依存しているという特殊性に配慮して、社会通念をもとに実質的になされなければならない。

以上

7

平成31年　　　第　　号　相続税更正処分等取消請求事件
原　　告
被　　告　　国(処分をした行政庁　藤沢税務署長)

準 備 書 面 (2)

令和元年9月9日

横浜地方裁判所第1民事部合議A係　御中

被告指定代理人

- 1 -

平成３１年 ▨▨▨ 第 ▨▨▨ 号　相続税更正処分等取消請求事件

原　　告　　▨▨▨▨▨

被　　告　　国(処分をした行政庁　藤沢税務署長)

準 備 書 面 ⑶

令和元年１１月１９日

横浜地方裁判所第１民事部合議Ａ係　御中

被告指定代理人

- 1 -

　被告は，本準備書面において，原告の令和元年８月２９日付け第１準備書面（以下「原告第１準備書面」という。）における原告の主張に対し，必要と認める範囲で反論する。

　なお，略語等は，本書面において新たに用いるもののほかは，従前の例による。

第１　所得税法上の「生計を一にする」の解釈についての原告の主張は理由がないこと

1　最高裁判所昭和５１年３月１８日第一小法廷判決についての原告の主張は理由がないこと

(1)　原告の主張

　被告が，本件特例の適用に当たり，「生計を一にしていた」ものとされるためには，その親族が被相続人と日常生活の糧を共通にしていたことを要する旨主張したこと（被告準備書面(1)第４の１(4)ウ・１５ページ）に対し，原告は，「課税要件明確主義からは，所得税法における生計一要件と租税特別措置法における生計一要件（あるいは資産課税における生計一要件）の解釈を恣意的に異ならせることは許されず，統一的な解釈が必要である」とした上で，「最高裁昭和５１年３月１８日判決（甲１５）は，所得税法５６条における生計一要件につき，『有無相扶けて日常生活の資を共通にしてい』るかとの規範を立てて」おり，「『日常生活の糧を共通にしていたか』のみならず『日常生活において相助けていたか』も重要な判断基準と示している」と主張する（原告第１準備書面第２の３及び４・３ないし５ページ）。

(2)　被告の反論

　ア　原告が引用する最高裁判所昭和５１年３月１８日第一小法廷判決（訟務月報２２巻６号１６５９ページ〔甲第１５号証〕。以下「**昭和５１年最高裁判決**」という。）は，当該事件における上告人とその子らが，所得税法５６条（事業から対価を受ける親族がある場合の必要経費の特例）に規定す

- 4 -

る「生計を一にする」親族に該当するか否かが争われた事案であり，「原
判決挙示の証拠によれば，▢▢▢ら（引用者注：上告人の子らのこと。以下
同じ。）は，（中略）上告人と有無相扶けて日常生活の資を共通にしてい
たものと認めるには足りない。」として，上告人とその子らは，生計を一
にする親族には当たらないと判示された事案である。

　　原告は，この昭和５１年最高裁判決における「有無相扶けて日常生活の
資を共通にしていた」との判示部分を受けて，「生計を一にする」か否か
の判断は，①「日常生活の糧を共通にしていたか」といった経済的側面の
結び付きの点からだけでなく，②「日常生活において相助けていたか」と
いった点からも考慮されるべきと主張するものと思料される。

イ　しかしながら，本件特例は，相続税法に規定する課税価格の計算の特例
　であるところ，相続税法と所得税法とは担税力や課税対象を異とするもの
　であるから，相続税法に規定する課税価格の計算の特例を定める措置法６
　９条の４及び所得税法５６条という「性質の異なる規定中に同一文言があ
　るからといって，直ちに，それを同一に解釈すべきであるということには
　ならない」（富山地裁平成１５年５月２１判決・税務訴訟資料２５３号順
　号９３４９〔乙第１３号証の１〕。なお，同判決は，その後の控訴審であ
　る名古屋高裁金沢支部平成１５年１１月２６日判決・税務訴訟資料２５３
　号順号９４７３〔乙第１３号証の２〕，その上告審である最高裁平成１６
　年６月１０日第一小法廷決定・税務訴訟資料２５４号順号９６６６〔乙第
　１３号証の３〕においても維持されている。）。このため，そもそも，本
　件特例を規定する措置法上の解釈について，「租税特別措置法を特別法と
　した場合の一般法にあたる所得税法における生計一要件の裁判例から検討
　する」などとして，「所得税」に関する判決を持ち出すこと自体失当であ
　るが，この点をおくとしても，以下に述べるとおり，原告の主張は，昭和
　５１年最高裁判決を正解しないものであるといわざるを得ない。

ウ　所得税法上「生計を一にする」という語は，所得税法５６条だけでなく，同一生計配偶者，源泉控除対象配偶者，扶養親族，寡婦及び寡夫の定義に関する規定（２条１項３０号，３１号，３３号，３３号の４，３４号）のほか，雑損控除（７２条），医療費控除（７３条），社会保険料控除（７４条），地震保険料控除（平成１８年分まで損害保険料控除）（７７条）及び配偶者特別控除（８３条の２）に関する規定においても用いられているところ，これらに規定する「生計を一にする」とは，「個人の担税力の強弱をいわばその者の経済生活単位ごとにとらえ，これを租税負担の面で考慮する趣旨のものである」と解される（乙第１４号証４１９３及び４１９４（～４１９８）ページ参照）。

　このような趣旨に鑑みれば，所得税法上の「生計を一にする」とは，専ら経済的側面という観点から，同一の経済生活単位に属しているか判断する必要があり，昭和５１年最高裁判決における「有無相扶けて日常生活の資を共通にしていた」とは，飽くまでも，経済的側面の結び付きである「日常生活の糧を共通にしていること」をもって，「有無相扶ける」関係にあると解するのが相当である。

　このことは，昭和５１年最高裁判決が，「上告人は，印刷業を営む者であつて，その長男　　　及び次男　　　（括弧内省略）を右事業に従事させている」という，日常生活において相助けるような事情が認められるにもかかわらず，原告が主張するように「相助けて共同生活を営んでいるか」ではなく，「　　　らは，毎月支給を受ける右金員のうちから自らの責任と計算でそれぞれの家賃や食費その他の日常の生活費を支出し，時に上告人から若干の援助を受けることがあつたものの，基本的には独立の世帯としての生計を営んでいたことがうかがわれる」こと，すなわち専ら経済的側面から「生計を一にする」か否かを判断していることからも明らかである。

　そして，上記のように昭和５１年最高裁判決を理解すべきことは，同判

- 6 -

決を参照する徳島地方裁判所平成９年２月２８日判決（税務訴訟資料２２
２号７０１ページ〔乙第１５号証の１〕。以下「**平成９年徳島地裁判決**」
という。）が，「同条（引用者注：所得税法５６条）にいう『生計を一にす
る』とは，日常生活の糧を共通にしていること（裁判（ママ）昭五一・三・
一八・訟務月報二二巻六号一六五九頁参照），すなわち，消費段階におい
て同一の財布のもとで生活していることと解され，これを社会通念に照ら
して判断すべきものである」と判示し（なお，同判決は，その控訴審であ
る高松高裁平成１０年２月２６日判決・税務訴訟資料２３０号８４４ペー
ジ〔乙第１５号証の２〕，その上告審である最高裁平成１０年１１月２７
日第二小法廷判決・税務訴訟資料２３９号１３９ページ〔乙第１５号証の
３〕でも維持されている。），また，静岡地方裁判所平成２６年２月１３
日判決（確定・税務訴訟資料２６４号順号１２４０９〔乙第１６号証〕。）
が，「同条（引用者注：所得税法５６条）にいう『生計を一にする』とは，
日常の生活の糧を共通にしていること，すなわち，消費段階において同一
の財布のもとで生活し，有無相扶けて日常生活の資を共通にしていたこと
をいうものと解すべきである（最高裁判所昭和５１年３月１８日第一小法
廷判決・訟務月報２２巻６号１６５９頁，高松高等裁判所平成１０年２月
２６日判決・税務訴訟資料２３０号８４４頁（括弧内省略）等参照）」と判
示していることからも正当であるというべきである。

エ　したがって，昭和５１年最高裁判決における「有無相扶けて日常生活の
資を共通にしていた」とは，経済的側面の結び付きを意味する「日常生活
の糧を共通にしていること」をもって，「有無相扶ける」関係にあるとす
る趣旨と解するのが相当であって，「日常生活の糧を共通にしていたか」
といった経済的側面の結び付きがなかったとしても，「日常生活において
相助けていた」という事実をもって生計を一にするという要件を充足する
旨の原告の主張は，昭和５１年最高裁判決を正解しないものであり，理由

- 7 -

がない。

2　浦和地方裁判所平成12年12月4日判決についての原告の主張は理由がないこと

(1)　原告の主張

　　また，原告は，「浦和地裁平成12年12月4日判決（甲16）では，『生計を一にするとは，同一の生活単位に属し，相助けて共同の生活を営み，ないしは日常生活の糧を共通にしていることと解される。』との規範を定立し」ていることから，「生計一要件は，①同一の生活単位に属しているか（独立した生活を営んでいないか），②相助けて共同生活を営んでいるか，ないしは日常の生活の糧を共通にしているかによって判断されるべきである」と主張する（原告第1準備書面第2の3・3及び4ページ）。

(2)　被告の反論

ア　原告が引用する浦和地方裁判所平成12年12月4日判決（税務訴訟資料249号952ページ〔甲第16号証〕。以下「**平成12年浦和地裁判決**」という。）は，前記1の昭和51年最高裁判決と同様，所得税法56条に規定する「生計を一にする」親族に該当するか否かを争点に含む事案であり，同判決は，「所得税法五六条は，納税義務者と生計を一にする親族が納税義務者の営む事業に従事したことなどにより当該事業から対価の支払いを受ける場合には，その対価に相当する金額を納税義務者の事業所得，不動産所得等の金額等の計算上必要経費に算入しないものとし，他方，その親族のその対価に係る各種所得の計算上必要経費に算入されるべき金額を納税義務者の事業所得等の計算上必要経費に算入することとしている。そして，ここにいう生計を一にするとは，同一の生活単位に属し，相助けて共同の生活を営み，ないしは日常生活の糧を共通にしていることと解される。」と判示している。

　　そして，原告は，平成12年浦和地裁判決における上記判示部分を受け

て，「生計を一にする」か否かの判断に当たり，「日常生活の糧を共通に
していたか」といった経済的側面の結び付きの点からだけでなく，「同一
の生活単位に属しているか（独立した生活を営んでいないか）」という点
や「相助けて共同生活を営んでいるか」といった点も別個独立して考慮す
べきことを主張するものであると思料される。

イ　しかしながら，本件特例を規定する措置法上の解釈について，「所得税」
に関する判決を持ち出すこと自体が失当であることは前記１⑵イで述べ
たとおりであるが，この点をおくとしても，以下に述べるとおり，平成１
２年浦和地裁判決の判示を根拠とする原告の主張には理由がない。

ウ　平成１２年浦和地裁判決の事案は，同訴訟における原告とその父親が同
一の家屋に起居している場合に両者が「生計を一にする」か否かを争点の
一つとする事案であるところ，本件や昭和５１年最高裁判決の事案は，同
一の家屋に起居していない場合であるから，平成１２年浦和地裁判決とは
事案が異なるものである。

そして，納税者とその親族が同一の家屋に起居している場合，課税実務
上は，両者が明らかに互いに独立した生活を営んでいると認められる場合
を除き，これらの親族は納税者と生計を一にするものと取り扱われている
（所得税基本通達（昭和４５年７月１日直審（所）３０）２－４７）。

この「所得税基本通達２－４７が，『生計を一にする』の意義につき，
親族が納税者と同一の家屋に起居している場合には，明らかに互いに独立
した生活を営んでいると認められる場合を除き，これらの親族は納税者と
生計を一にするものとすると規定しているのは，親族が納税者と同一の家
屋に起居している場合，通常は日常生活の糧を共通にしているものと考え
られることから，両者間で日常の生活費における金銭面の区別が不明確で
ある場合は，事実上の推定が働くことを注意的に明らかにしたものと解す
ることができる」（平成９年徳島地裁判決・乙第１５号証の１・７１２ペ

ージ）ためであり，かかる解釈に基づく上記取扱いは合理性を有するものである。

　　前記アの平成１２年浦和地裁判決の判示は，同訴訟における被告の「親族が同一の家屋に起居している場合にも（原文ママ），明らかに互いに独立した生活を営んでいる場合を除き，これらの親族は生計を一にするものとされているところ，原告と乙（引用者注：当該事件における原告の父。以下同じ。）とは同一の家屋に起居し，（中略）原告と乙とは明らかに独立して生計を営んでいるものではなく，生計を一にしていると認めるのが相当である。」との上記通達の取扱いに沿った主張（甲第１６号証３ページの「被告の主張」参照）を踏まえたものと解されるから，本件のように，本件被相続人と原告が同一の家屋に起居していない場合について，「生計を一にする」の解釈において前記アの平成１２年浦和地裁判決の判示を根拠とする前記アの原告の主張は，その前提において失当である。

エ　前記ウの点をおくとしても，平成１２年浦和地裁判決は，同居の事実があることを前提として，「住民票上も乙を世帯主とする同一世帯であること，光熱費等について供給契約がほとんど乙またはＥ（引用者注：乙が代表である法人）名義で締結され」ており，「原告と乙との間で実額精算が行われているとは認められないこと」などを考慮すると，「原告は，乙と（中略）生計を一にしている関係にあるというべきである。」と，専ら経済的側面の観点から検討を加えた上で認定しており，原告が主張するような「相助けて共同生活を営んでいるか」どうかは，その当てはめにおいても検討されていない。

オ（手書き：エ）　したがって，平成１２年浦和地裁判決は，「日常生活の糧を共通にしていたか」といった経済的側面の結び付きを度外視して，「同一の生活単位に属しているか」という点や「相助けて共同生活を営んでいるか」といった点を別個独立した一つの考慮要素にするものではないから，前記アの原

- 10 -

告の主張は理由がない。

第2　原告は，本件被相続人と「生計を一にしていた」親族とはいえないこと

1　原告と本件被相続人は「日常生活の糧を共通にしていた」との原告の主張は理由がないこと

(1)　原告の主張

原告は，自身が本件被相続人の成年後見人になっていたことから，「原告は，被相続人の包括的代理権を有し，被相続人のために，被相続人の財産を自由に処分できる立場にあり，実際，原告は，被相続人の後見業務のため，被相続人の財産を自由に処分して」おり，「原告の財産は当然，被相続人の財産も全て自らのコントロール下にあり，両財産を自由に使っていたのである」から，「日常生活の糧を原告の下で共通にしていたと認められ」ると主張する（原告第1準備書面第2の5 (3) ③・6ページ）。

(2)　被告の反論

ア　しかしながら，後見人の裁量により被後見人の財産から支出することが許されるのは，原則として，被後見人の生活費や療養看護のための費用などに限られ，後見人が，被後見人の財産を私的に流用することは，裁量の範囲外とされている（乙第10号証19ページ）。つまり，原告が「被相続人の財産を自由に処分できる立場にあ」ったとはいっても，それは，飽くまでも，本件被相続人のための生活費等を本件被相続人の財産から支出する権限を有していたにすぎず，原告が，原告のために本件被相続人の財産を自由に処分できる権限までをも有していたわけではない。

イ　被告準備書面 (1) 第4の1 (4) ウ（15ページ）で述べたとおり，本件特例の適用に当たり，「生計を一にしていた」ものとされるためには，納税者とその親族の間で日常生活の糧を共通にしていたことが必要であり，少なくとも，居住費，食費，光熱費その他日常の生活に必要な費用の全部又は

- 11 -

134

主要な部分を共通にしていた関係にあったことを要する。

　　そして，同２及び３（１５ないし１９ページ）で述べたとおり，本件被相続人の食費，光熱費その他日常の生活に係る費用は，本件出納帳で管理されている現金又は本件預金口座から支出されており，本件出納帳で管理されている現金及び本件預金口座の原資は，いずれも原告から拠出されたものではなかったものである。他方で，本件預金口座からは，本件後見に係る後見事務費を除き，原告への送金はみられず，原告が，本件被相続人から日常生活に係る費用の援助を受ける特段の必要性もうかがわれない。

　　以上を踏まえれば，原告と本件被相続人は，日常の生活に必要な費用の全部又は主要な部分を共通にしていた関係にあったとは到底認められず，原告と本件被相続人が日常生活の糧を共通にしていたものとはいえない。

ウ　この点，原告は，日常生活の糧を共通にしていたか否かの判断について，「必ずしも，『居住費，食費，光熱費その他日常の生活に係る費用の全部又は主要な部分を共通にしていた関係にあったことを要する』と限定する必要はない」と主張するが（原告第１準備書面第２の４・４及び５ページ），そもそも，そのような主張を裏付ける根拠は原告からは何ら摘示されていない。

　　なお，原告が引用する昭和５１年最高裁判決等と同様に，所得税法５６条の定める「生計を一にする」の解釈が争われたものではあるが，岡山地方裁判所平成１２年９月１９日判決（税務訴訟資料２４８号７４９ページ〔乙第１７号証の１〕）においても，「『生計を一にする』親族といえるためには，所得の分散によって税負担の軽減を図ることを防止する趣旨からして，当該事業者と被傭者とが居住費，食費，光熱費その他日常の生活に必要な費用の全部又はその主要な一部を共同して支弁し合う親族関係にあることが要求されているものと解するのが相当である」と判示されているところである（なお，同判決は，その控訴審である広島高裁岡山支部平成

- 12 -

135

　　１４年２月７日判決・税務訴訟資料２５２号順号９０６３〔乙第１７号証
　　の２〕，その上告審である最高裁平成１４年６月２８日第二小法廷決定・
　　税務訴訟資料２５２号順号９１５３〔乙第１７号証の３〕により維持され，
　　確定している。）。

　エ　したがって，「原告の財産は当然，被相続人の財産も全て自らのコント
　　ロール下にあり，両財産を自由に使っていた」ことを理由として，原告と
　　本件被相続人が「日常生活の糧を共通にしていた」旨の原告の主張は，理
　　由がない。

２　被告は，原告が本件被相続人の財産を分別管理していたことをもって両者が
　日常生活の糧を共通にしていなかったと判断したものではないこと

　(1)　原告の主張

　　　原告は，本件が，原告が「被相続人の成年後見人に就任していたという特
　　殊性があり（甲３），この特殊性をどのように評価，考慮するかが，本件にお
　　ける生計一要件の判断の最も重要なポイントである」とし，「被告は，被相
　　続人が成年被後見人であるという特殊性のうち，財産分別管理義務の部分の
　　みをことさらとりあげて，被告規範を形式的に適用し，『原告と被相続人は，
　　居住費，食費，光熱費その他日常の生活に係る費用の全部又は主要な部分を
　　共通にしていた関係になかった』と結論づけている」と主張する（原告第１
　　準備書面第２の５(1)及び(2)・５ページ）。

　(2)　被告の反論

　ア　しかしながら，被告の本訴における主張は，原告が，本件被相続人の財
　　産を分別管理していたという事実だけを理由に本件被相続人と原告が日常
　　生活の糧を共通にしていなかったと判断したのではない。

　　　すなわち，仮に，①相続人と被相続人が同居していた場合で，かつ，相
　　続人及び被相続人の日常生活に係る費用を各自がそれぞれに係る部分を負
　　担するなど，明らかに独立した生活を営んでいるとは認められないケース

- 13 -

はもちろんのこと，②被相続人と相続人が別居していた場合であっても，例えば，被相続人が心身上の理由等から生活費等の捻出が困難となり，相続人が被相続人に毎月仕送りするなどして，被相続人の生活費や療養費といった被相続人の日常生活に係る費用の全部又は主要な部分を原告が負担していたケースであれば，相続人が被相続人の後見人としてその財産を分別管理していたとしても，当該相続人と当該被相続人は日常生活の糧を共通にしていたと十分判断し得るものである。

　　しかしながら，本件は，原告と本件被相続人とは別居しており，また，前記第２の１(2)で述べたとおり，本件被相続人の日常生活に係る費用の全部又は主要な部分を原告が負担したり，あるいは，原告の日常生活に係る費用の全部又は主要な部分を本件被相続人が負担していたといった事実はないことから，被告は，本件被相続人と原告は日常生活の糧を共通にしていたものとは認められないと主張するものである。

イ　そして，既に述べたように，本件特例における「生計を一にしていた」との要件は，被相続人と相続人等の日常生活の経済的側面の結び付きの観点から設けられたものである（被告準備書面(1)第４の１(4)ア・１４ページ）ことからすれば，納税者とその親族が「生計を一にしていた」と判断するためには，日常生活の糧を共通にしていたことが必要であるところ，その判断は，本件のように，原告が，本件被相続人の成年後見人であったという事実や，本件被相続人の財産を分別管理していたという事実のみによって左右されるものではない。

ウ　エ　したがって，原告の主張は，被告の主張を正解しないものであり，失当というほかない。

第３　本件特例の趣旨から本件土地には本件特例が適用されるべきである旨の原告の主張は，その前提において失当であること

- 14 -

137

1　原告の主張

　　原告は，乙第2号証（60ページ15及び16行目）を参照した上で，「事業用宅地における小規模宅地の特例の趣旨は，父親から事業承継を受けた事業を相続後の親族の生活基盤として保護する点にあるところ，原告も，父親である被相続人（ママ）の事業（大工）を承継し，その事業を生活基盤としており，まさに，当該趣旨が妥当する」として，本件土地については，本件特例の適用が認められるべきである旨主張する（原告第1準備書面第2の2及び7・2，3及び7ページ）。

2　被告の反論

(1)　本件特例は，個人が相続又は遺贈により取得した財産のうちに，当該相続の開始の直前において，当該相続若しくは遺贈に係る被相続人等（被相続人又は当該被相続人と生計を一にしていた当該被相続人の親族）の事業の用又は居住の用に供されていた宅地等に，その適用を認めており（措置法69条の4第1項），被相続人が所有する宅地等について，被相続人等の事業の用（又は居住の用）に供されていた場合にその適用を認めている。したがって，被告準備書面(1)第4の1(3)（13及び14ページ）で述べた本件特例の趣旨を考えると，本件特例の適用に当たっては，宅地等を所有していた被相続人とその宅地等を相続又は遺贈により取得した相続人等との間における「事業の承継」に関する点や「生計を一にしていたか」という点を考慮するのは当然のことである。

(2)　しかるに，原告の主張によれば，原告の事業（大工業）は，本件土地の所有者であった本件被相続人から承継したものではなく，原告の父である　　　　　（平成16年1月16日に死亡〔乙第18号証〕）から承継したものであるというのであるから（原告第1準備書面第2の7第1段落・7ページ），これに本件特例の趣旨を当てはめる原告の主張は，牽強付会というほかなく，その前提において失当であると言わざるを得ない。

第4　結語

　　以上のとおり，原告の主張はいずれも失当であるか理由がなく，本件更正処分等は適法であるから，原告の請求は速やかに棄却されるべきである。

以　　上

平成３１年　　　　第　　号　相続税更正処分等取消請求事件

原告

被告　国（処分をした行政庁　藤沢税務署）

<h1 style="text-align:center">第２準備書面</h1>

令和２年１月１４日

横浜地方裁判所第１民事部合議Ａ係　御中

　　　　　　　　原告訴訟代理人弁護士　　馬　渕　泰　至

　　　　　　　　原告補佐人税理士　　　　田　中　　　潤

第１　令和元年１１月１９日付被告準備書面（３）に対する反論

　１　「第１」に対する反論

　　　被告は、相続税法上の「生計一要件」の判断において、所得税法の「生計一要件」の判例を持ち出すことは失当と主張するが、およそありえない主張である。

　　　憲法上の要請である租税法律主義は、納税者の社会生活における法的安定性と予測可能性を確保するという趣旨から、課税要件に関する定めは一義的で明確であるべきという課税要件明確主義を内容の一つとする。

　　　よって、「生計一」という課税要件についても、当然一義的で明確でなければならず、税目が異なるからといって、自由に都合よく解釈して良い訳ではない。

　　　所得税においては、経費性を認めず納税額を増やすため「生計一要件」を広く認め、相続税においては、小規模宅地の特例を認めず納税額を増やすため「生計一要件」を厳格に判断するなど恣意的運用があってはならない。

1

　また、被告は、最高裁昭和５１年３月１８日判決を引用し、「生計を一に
するとは」「すなわち、消費段階において同一の財布のもとで生活し、有無
相扶けて日常生活の資を共通にしていたと解すべき（７頁１３行目以降）」
と主張するが、それは、成年後見ではない事案の規範であり、かつ、成年後
見を射程に入れておらず、本件事案に形式的に適用するのは失当である。

　さらに、被告は、原告が「経済的側面の結び付きを度外視している（１０
頁下から３行目）」と主張するが、曲解であり、原告は経済的側面を度外視
していない。

　原告は、後見人として被相続人の財産と自らの財産を分別管理しながら
も、後見業務の報酬を請求することはなく、さらに、家事援助、療養看護に
かかる費用も一切請求していない。

　かかる原告の非経済的な行動そのものが経済的側面の結び付きの強さを
表している。

2　「第２」に対する反論

　被告は、成年後見人には裁量に範囲があるため、成年後見人たる原告にお
いて、被相続人の財産を自由に処分する権限まで有していた訳ではないと
反論する。

　たしかに、成年後見人に裁量の範囲があることは否定しないが、原告は裁
量の範囲内において、被相続人のために、被相続人の財産を自由に処分する
権限を有しており、逆に、被相続人は自らの財産を管理・処分する権限の一
切を喪失していた。

　被告の反論は言いがかりに過ぎない。

　また、被告は、生計一要件の判断につき、「少なくとも居住費、食費、光
熱費その他日常の生活に必要な費用の全部又は主要な部分を共通にしてい
た関係にあったこと（被告規範）」に拘っているが、被告規範は、成年後見
の特殊性を考慮しないで導き出された規範であり、成年後見事案である本
件においてそのまま適用するのは失当である。

　この点、原告としても、成年後見以外の事案における生計一要件の判断に
おいて、被告規範の適用を否定するものではない。

　原告は、本件事案での生計一要件の判断は、成年後見という特殊性に配慮すべきと主張しているのである。

　つまり、**本件訴訟の争点は、財産の分別管理義務を負担する成年後見事案において、被告規範を形式的に適用すべきではないのではないかという問題意識を前提とするものであり、成年後見も射程に入れた場合の生計一要件の解釈に他ならない。**

　この点、被告は、成年後見事案であっても、被相続人の生活費を相続人が負担していたケースであれば、生計一要件を認めうる旨反論し、被告規範をそのまま適用しても問題ない旨強弁するが、かかる反論は誤っている。

　何故なら、上記被告の見解によると、被相続人が無資力で、相続人が被相続人を全面的に扶助するケースであれば生計一要件を認め得るが、被相続人に少しでも財産がある限り、相続人は、財産分別管理義務から、被相続人の生活費は被相続人の財産から拠出しなければならず、実質的に生計が混同していたとしても、結果として、生計一要件（＝被告規範）を満たさなくなってしまうからである。

　成年後見制度を利用しているといった事実が、生計一要件の判断において、相続人に不利益に働くことがあってはならないことは言うまでもない。

　そして、成年後見制度を利用する以前は生計一要件を満たしていたが、被相続人の判断能力が衰え、相続人による生活支援が必要になり、成年後見制度を利用した途端に生計一要件を喪失するようなことがあってもならない。

　つまりは、形式的な被告規範は、財産分別義務、報告義務のある成年後見事案には対応できていないのである。

　さらに、被告は、「原告は『必ずしも被告規範に限定する必要はない』と主張するが裏付ける根拠は何ら摘示されていない」（１２頁１３行目）」と主張するが、原告は、３年半にわたり被相続人の後見業務を無償でしてきたことを主張、立証しており、被告の反論は誤っている。

３　「第３」に対する反論

　原告第１準備書面「第２　７」の３行目「父親である被相続人の事業（大工）を承継し」という部分の「父親である被相続人」との主張は撤回する。

　　　原告の父である▢▢▢▢▢は、被相続人の所有する本件土地上で事業（大工業）を営んでおり、原告は、当該事業を承継し、本件土地を利用し続け、被相続人から本件土地を相続したというのが事実である。

　　　もっとも、小規模宅地の特例が適用されるために、被相続人が大工業を営んでいる必要はない。

　　　小規模宅地の特例は、被相続人と生計を一にしていた被相続人の親族の事業の用に供されていた宅地等について、①相続開始前から相続税の申告期限まで、その宅地等の上で事業を営んでいること（事業継続要件）、②その宅地等を相続税の申告期限まで有していること（保有継続案件）を満たす場合に適用されるものであり、事業を長く継続しているということが、小規模宅地の特例の趣旨を体現する重要な要件なのである。

　　　原告による「父親である被相続人の事業を承継した」との主張は、▢▢家の家業が本件土地と密接、不可欠な関係にあるということの根拠として述べたものであり、本件事案において、小規模宅地の特例の趣旨はまさに妥当する。

第２　原告に「正当な理由」があること（予備的主張）

1　万一、被告による本件更正処分が適法であったとしても、原告には、国税通則法６５条４項に規定する「正当な理由」があるため、過少申告加算税が課されるべきではない。

2　過少申告加算税を課する趣旨は、当初から適正に申告し納税した納税者との間の客観的不公平の実質的な是正を図るとともに、過少申告による納税義務違反の発生を防止し適正な申告納税の実現を図るという点にあり、国税通則法６５条４項の定める「正当な理由」とは、真に納税者の責めに帰することのできない客観的な事情があり、上記のような過少申告加算税の趣旨に照らしてもなお納税者に過少申告加算税を賦課することが不当又は酷になる場合をいうものと解されている（最高裁平成２７年６月１２日判決）。

3　これを本件についてみると、訴状及び原告第１準備書面で記載している

4

ように、原告は、従前から、被告の日常生活の世話をしており、生活費も一部負担していた。

　平成２３年から被相続人の成年後見が開始し、原告は、従前どおり、被相続人の身上監護、財産管理を継続していたが、加えて、被相続人の財産を分別管理し、横浜家裁に報告する義務が生じたのである。

　原告は、かかる義務を履行しつつも、被相続人とは実質的に生計が一であったため、後見業務の報酬を請求することはなかった。かかる報酬は年間６０万円程度と見込まれ、光熱費（別紙参照）を優に超える金額であった。

　かかる無償で後見業務を行ってきた客観的事情に鑑みると、原告が、生計一要件を満たし、小規模宅地の特例の適用があると考えたことには真にやむを得ない理由があると言うべきであり、かかる原告に過少申告加算税を賦課することは不当又は酷と認められる。

4　以上から、原告に過少申告加算税が課されるべきではない。

以上

平成３１年　　　　第　　号　相続税更正処分等取消請求事件
原　　告
被　　告　　国(処分をした行政庁　藤沢税務署長)

準 備 書 面 (4)

令和２年１月２１日

合議Ａ係　御中

被告指定代理人

－ 1 －

　被告は，本準備書面において，本件特例の沿革を述べた上で（後記第1），令和元年11月19日の第2回弁論準備手続期日における裁判所の求釈明事項に対して回答する（後記第2）。

　なお，略称等は，本準備書面で新たに用いるもののほかは，従前の例による。

第1　本件特例の沿革

1　本件特例の創設前の取扱い

　被告準備書面(1)第4の1(3)イ（13及び14ページ）で述べたとおり，本件特例の創設前は，昭和50年6月20日付け直資5－17「事業又は居住の用に供されていた宅地の評価について」通達（以下「**昭和50年通達**」という。）による実務上の取扱いとして，被相続人の事業の用又は居住の用に供されていた一定の宅地等について，通常の方法によって評価した価額の80パーセント相当額で評価することとされていた（黒田東彦ほか「昭和58年改正税法のすべて」177ページ〔乙第3号証〕）。

　そして，昭和50年通達の上記取扱いの趣旨は，「事業又は居住の用に供されていた宅地のうち最小限必要な部分については，相続人等の生活基盤維持のため欠くことのできないものであって，その処分について相当の制約を受けるのが通常である。このような処分に制約のある財産について通常の取引価格を基とする評価額をそのまま適用することは，必ずしも実情に合致しない向きがあるので，これについて評価上，所要のしんしゃくを加えることとしたものである」とされている（武田昌輔監修「DHCコンメンタール相続税法」4047の2ページ〔乙第4号証〕）。

2　本件特例の創設

　昭和58年度の税制改正においては，当時，中小企業者の相続税について，戦後の創業に係る中小企業の経営者が世代の交替期を迎えていたことや，当時の地価の上昇傾向が根強いといったこと等を背景として，中小企業の事業承継

の円滑化の観点から取引相場のない株式の評価の問題を中心に各種の議論が行われていた（前掲「昭和58年改正税法のすべて」172ページ〔乙第3号証〕）。このような中で，税制調査会は，昭和57年12月23日に，「小規模な会社の株式は，現在，いわゆる純資産価額方式のみにより評価されていることから，（中略）現行の株式の評価体系の枠組みの中で収益性を加味することとするのが適当である。（中略）株式評価について改善合理化を図ることとの関連で，個人が事業の用又は居住の用に供する小規模宅地についても所要の措置を講ずることが適当である。」と答申した（税制調査会「昭和58年度の税制改正に関する答申」2及び3枚目並びに同別紙6ページ〔乙第19号証〕）。

　上記税制調査会の報告を受けて，「最近（引用者注：昭和58年当時）における地価の動向にも鑑み，個人事業者等の事業の用又は居住の用に供する小規模宅地の処分についての制約面に一層配意し，特に事業用土地については，事業が雇用の場であるとともに取引先等と密接に関連している等事業主以外の多くの者の社会的基盤として居住用土地にはない制約を受ける面があること等に顧み，従来の通達（引用者注：昭和50年通達）による取扱いを発展的に吸収して相続税の課税上特別の配慮を加える」こととして，本件特例は法定された（前掲「昭和58年改正税法のすべて」177ページ〔乙第3号証〕）。

　上記の経緯により創設された本件特例は，一定の面積について，事業の用に供されていた宅地等については，原則，当該宅地等の評価額に60パーセントの割合を乗じた価額（減額割合40パーセント），居住の用に供されていた宅地等については，原則，当該宅地等の評価額に70パーセントの割合を乗じた価額（減額割合30パーセント）によるものとされ，本件特例の創設前の取扱い（昭和50年通達による取扱い）が拡充されたほか，被相続人の事業の用又は居住の用に供されていた宅地等だけでなく，当該被相続人と生計を一にしていた親族の事業の用又は居住の用に供されていた宅地等についても減額を認めることとされた（前掲「昭和58年改正税法のすべて」177ないし181ページ〔乙

第３号証〕参照）。

　そして，被告準備書面(1)第４の１(3)イ（１３及び１４ページ）で述べたとおり，当該被相続人と生計を一にしていた親族の事業の用又は居住の用に供されていた宅地等についても減額を認めることとされたのは，「仮に被相続人の事業の用又は居住の用に供されていた宅地等だけに限ってこの特例（引用者注：本件特例のこと）の対象とすることができることとする場合には，例えば被相続人が所有していた宅地等で被相続人の配偶者が事業を営んでいる場合や被相続人の所有に係る宅地等が既に死亡した長男の嫁の事業の用に供されているといったケースについてこの特例が及ばないことになりますが，こうしたことはこの特例措置の趣旨（引用者注：小規模宅地等が生活基盤の維持のために不可欠で，その処分に相当の制約を受けるのが通常であることに基づく相続税の課税上の特別の配慮）に照らせば必ずしも適当ではないと考えられたことによるもので」ある（前掲「昭和５８年改正税法のすべて」１７８ページ〔乙第３号証〕）。

　なお，昭和５８年度の税制改正において，株式の評価の見直しに関連して本件特例に言及されたことについて付言すると，上記税制調査会の答申における，小規模な会社の株式について「株式の評価体系の枠組みの中で収益性を加味することとする」とは，当該会社の株式を当該会社の保有する資産及び負債の合計（事業用と家事用とに併用される資産等もあるが，原則として，個人事業として行っている場合の事業用の資産及び債務の合計と同様となる。）から求めた価額（純資産価額方式による価額）のみによって評価するのではなく，当該価額に当該会社の収益性等から求めた価額（類似業種比準方式による価額。同方式は，配当金額，利益金額及び純資産価額を決定要素として，評価会社と同一ないし類似の業種の上場会社の平均株価等に比準して評価会社の株式の評価額を算出する方式である。）を加味して当該会社の株式を評価すべきであるという趣旨であり，このような方式により評価すると，一般に，小規模な会社の株

- 5 -

式の評価額は，純資産価額方式のみによって評価する場合よりも低い評価額に
なる。そして，小規模な会社と個人事業とでは，その実質に大きな差がないこ
とから，小規模な会社の株式の評価を見直すことに関連して，上記税制調査会
の答申では，「個人が事業の用又は居住の用に供する小規模宅地についても所
要の措置を講ずることが適当である。」と答申されたのである。

3　本件特例の改正の経緯

　　本件特例は，その後，現在に至るまでに累次の改正が行われているが，主な
改正は次のとおりである。

(1)　平成６年度の税制改正

　　平成６年度の税制改正において，税制調査会は，平成５年１１月に，「事
業用及び居住用の小規模宅地等の評価額から一定割合を減額する特例措置
は，都市と地方との間で地価に大幅な乖離が生じているという現状において，
小規模の事業用及び居住用の土地に対して相続税の課税上配慮する方法とし
ては，最も有効なものであると思われる。地価高騰の結果，特に都市部にお
いて，相続税が相続人の事業の継続や居住の継続を脅かしているとの問題提
起に対応するために，本特例措置を，その制度の目的に沿った仕組みとした
上で，特例の減額割合の拡大について検討すべきである」と指摘し，更に「事
業用及び居住用の小規模宅地等の評価額から一定割合を減額する特例措置に
ついて事業あるいは居住が相続人により継続される場合に限って，その減額
割合の拡大を図るべきである。なお，事業の継続と居住の継続とを区別する
必然性に乏しいことから減額割合は同一とするのが適当である」と指摘した
（古田一之ほか「平成６年改正税法のすべて」２９０及び２９１ページ〔乙
第２０号証〕参照）。

　　上記指摘を受け，平成６年度の税制改正後の本件特例においては，事業用
宅地等及び居住用宅地等とも一律の減額割合とされた。これは，「従来，事
業用宅地については，事業が雇用の場であるとともに取引先等と密接に関連

- 6 -

149

している等事業主以外の多くの者の社会的基盤として居住用宅地にはない制
約を受ける面があること等に鑑み，居住用宅地より高い減額割合が設定され
て」いたところ，「地価高騰の結果，特に大都市部における居住の継続が極
めて深刻な状況にある一方，事業用宅地については土地価額の上昇に伴う担
保提供能力の増加といったメリットもあり，両者の間で差を設ける理由に乏
しいことから，今回の改正（引用者注：平成６年度の税制改正）で減額割合が
拡大されるのを機に事業用宅地及び居住用宅地の減額割合は同一」とされた
ものである（前掲「平成６年改正税法のすべて」２９１ページ〔乙第２０号
証〕）。

(2)　平成２２年度の税制改正

　　平成２２年度の税制改正では，本件特例について，「相続人等による事業
又は居住の継続への配慮というこの特例の制度趣旨に必ずしも合致しない相
続人等が事業又は居住を継続しない部分についてまで適用対象とされてい」
たことを踏まえ，「特例の対象となる宅地等は，個人が相続又は遺贈により
取得した宅地等のうち，相続の開始の直前において，被相続人等（引用者注：
被相続人又は被相続人と生計を一にしていた親族）の事業の用又は居住の用
に供されていた宅地等で一定の建物又は構築物の敷地の用に供されていたも
ので，特定事業用宅地等（引用者注：被相続人等の事業の用に供されていた
宅地等で，引き続き事業を営んでいること等の一定の要件を満たす当該被相
続人の親族が相続又は遺贈により取得したもの。被告準備書面(1)第４の１
(2)・１２及び１３ページ参照），特定居住用宅地等，特定同族会社事業用
宅地等又は貸付事業用宅地等に該当する部分に限ることとされ」た（泉恒有
ほか「平成２２年改正税法のすべて」４３８及び４３９ページ〔乙第２１号
証〕）。

　　上記平成２２年度の税制改正により，事業の用に供する宅地等については，
「特定事業用宅地等以外の事業用宅地等については事業の継続性がないこと

から特例の対象から除外することとされ」，また，貸付事業用宅地等につい
ても一定の事業継続要件を満たすもの以外は，本件特例の対象から除外され
た（前掲「平成22年改正税法のすべて」442ページ。なお，同439ペ
ージの図参照。〔乙第21号証〕）。

第2　求釈明事項に対する回答

　1　求釈明事項

　　(1)　求釈明事項①

　　　　本件特例の趣旨について，担税力の減少という観点からの説明と，事業承
　　　継の保護という観点からの説明の関係を整理すること（第2回弁論準備手続
　　　調書2 (1)・2ページ）

　　(2)　求釈明事項②

　　　　措置法69条の4第3項1号ロの趣旨を明らかにすること（同(2)・2ペー
　　　ジ）

　2　求釈明事項に対する回答

　　(1)　求釈明事項①について

　　　ア　前記第1の1で述べたとおり，本件特例は，被相続人の事業の用又は居
　　　　住の用に供されていた宅地等の評価を減額するという実務上の取扱いが，
　　　　昭和58年に法制化されたものであるところ，被告準備書面(1)第4の1
　　　　(3)ア（13ページ）で述べたとおり，かかる特例は，被相続人の事業の用（又
　　　　は居住の用）に供されていた宅地等のうち一定面積までの小規模宅地等に
　　　　ついては，それが相続人等の生活の基盤の維持のために不可欠のもので
　　　　あって，その処分について相当の制約を受けるのが通常であることを踏ま
　　　　え，中小企業の円滑な事業承継の観点から，相続税の課税上特別の配慮を
　　　　加えたものである（事業用宅地等について，東京高裁平成15年3月25
　　　　日判決・訟務月報50巻7号2168ページ参照。なお，同判決は，最高

－ 8 －

裁平成１７年３月２９日第三小法廷決定により，上告棄却及び上告不受理により確定している。事業用及び居住用宅地等について，東京地裁平成２７年２月９日判決（確定）・税務訴訟資料２６５号順号１２６０２）。

　すなわち，前記第１の２のとおり，本件特例は，「株式評価について改善合理化を図ることとの関連で，個人が事業の用又は居住の用に供する小規模宅地についても所要の措置を講ずることが適当である」ことから創設されたものであるところ，当該経緯からも明らかなとおり，本件特例は，一次的には，事業の用又は居住の用に供する小規模宅地等の処分についての制約面，すなわち担税力の減少に配意したものであるといえる。取り分け，特に事業用土地については，事業が雇用の場であるとともに取引先等と密接に関連している等事業主以外の多くの者の社会的基盤として居住用土地にはない制約を受ける面があることから，当該制約をも考慮することが，中小企業の円滑な事業承継に資すると考えられたものであるといえる。

イ　そして，本件特例の創設により新たに減額が認められることとなった，当該被相続人と生計を一にしていた親族（相続人等）の事業の用又は居住の用に供されていた宅地等（本件に即していえば，措置法６９条の４第３項１号ロの特定事業用宅地等）については，当該相続人等が当該被相続人と「生計を一にしていた」ことが本件特例の適用の要件となり，被告準備書面(1)第４の１(4)（１４及び１５ページ）のとおり，当該要件は，被相続人と相続人等の日常生活の経済的側面の結びつきの観点から設けられたものと考えられるところ，前記アで述べた本件特例の趣旨の理解は，当該要件が設けられたことと整合するものである。

　すなわち，前記アのとおり，被相続人の事業の用（又は居住の用）に供されていた宅地等のうち一定面積までの小規模宅地等については，それが相続人等の生活の基盤の維持のために不可欠のものであるところ，それが被相続人の生前に被相続人と生計を一にしていた相続人の事業の用（又は居

住の用）に供されていた場合であっても，日常生活の経済的側面の単位で
みれば，被相続人の事業の用（又は居住の用）に供されていた場合と同視で
きるものである。それにもかかわらず，このような場合に本件特例の適用
を認めないことは，本件特例の趣旨にも反するものであることから，上記
のとおり，本件特例は，「生計を一にしていた」相続人に限って，このよ
うな宅地等について減額を認めたものということができる。

　このことは，前記第１の２のとおり，本件特例の創設時の解説書におい
ても，「仮に被相続人の事業の用又は居住の用に供されていた宅地等だけ
に限ってこの特例の対象とすることができることとする場合には，例えば
被相続人が所有していた宅地等で被相続人の配偶者が事業を営んでいる場
合や被相続人の所有に係る宅地等が既に死亡した長男の嫁の事業の用に供
されているといったケースについてこの特例が及ばないことになります
が，こうしたことはこの特例措置の趣旨に照らせば必ずしも適当ではない」
（前掲「昭和５８年改正税法のすべて」１７８ページ〔乙第３号証〕）とさ
れているところである。

(2) 求釈明事項②について

　措置法６９条の４第３項１号ロは，本件特例の適用要件として，相続開始
時から相続税の申告書の提出期限（相続開始があったことを知った日の翌日
から１０か月を経過する日）までの間，被相続人から相続等により取得した
宅地等を引き続き保有し，かつ，事業の用に供していることを要件（以下「継
続要件」という。）とする旨規定している。この要件は，平成６年度の税制
改正により設けられたもの（前記第１の３(1)の「事業あるいは居住が相続人
により継続される場合に限って」との記載参照）であるところ，同改正前は，
相続開始後の相続人等による事業継続の有無にかかわらず，相続財産である
事業用の土地について一律に減額がされていたものであったが，同改正後は，
事業継続の有無を区別の上，事業を継続する場合については減額割合を拡大

- 10 -

し，事業を継続しない場合より高い減額割合を適用することとされたものである。また，平成２２年度の税制改正では，前記第１の３(2)で述べたとおり，「相続人等による事業又は居住の継続への配慮という制度趣旨に必ずしも合致しない相続人等が事業又は居住を継続しない部分についてまで適用対象とされてい」た（前掲「平成２２年改正税法のすべて」・４３８ページ〔乙第２１号証〕）ことから，継続要件を満たさない宅地等については，本件特例の対象から除外されたものである。

　そして，本件特例は，継続要件，すなわち，相続人等が被相続人や自身の事業又は居住を継続したか否かを，相続開始時から相続税の申告書の提出期限（相続開始があったことを知った日の翌日から１０か月を経過する日）までの間，当該事業用の土地を保有し，当該事業が継続されているか否かにより判断することとしたものである。

　前記(1)でも述べたとおり，本件特例は，被相続人等の事業又は居住の用に供されていた宅地等は，相続人等の生活の基盤の維持のために不可欠なものであって，その処分について相当の制約を受けることが通常であること及び中小企業の円滑な事業承継の観点から，相続税の課税上の特別の配慮を加えたものであるところ，継続要件を満たさないような場合については，その処分に相当の制約を受けることもなく，また，事業承継もされないことから，本件特例の趣旨に合致しないものとして，本件特例の対象から除外しているのである。

以　上

副本

平成31年　　第　　号　相続税更正処分等取消請求事件
原　　告　　
被　　告　　国(処分をした行政庁　藤沢税務署長)

準 備 書 面 (5)

令和2年3月16日

横浜地方裁判所第1民事部合議A係　御中

被告指定代理人

- 1 -

　　被告は，本準備書面において，原告の令和２年１月１４日付け第２準備書面（以下「原告第２準備書面」という。）における原告の主張に対し，必要と認める範囲で反論する。

　　なお，略称等は，本準備書面で新たに用いるもののほかは，従前の例による。

１　原告の主張

　　原告は，「過少申告加算税を課する趣旨は，当初から適正に申告し納税した納税者との間の客観的不公平の実質的な是正を図るとともに，過少申告による納税義務違反の発生を防止し適正な申告納税の実現を図るという点にあり，国税通則法６５条４項の定める『正当な理由』とは，真に納税者の責めに帰することのできない客観的な事情があり，上記のような過少申告加算税の趣旨に照らしてもなお納税者に過少申告加算税を賦課することが不当又は酷になる場合をいうものと解されている（最高裁平成２７年６月１２日判決）。」と述べた上で，「原告は，従前から，被告（引用者注：本件被相続人の誤りであると思料する。）の日常生活の世話をしており，生活費も一部負担していた。」ところ，「平成２３年から被相続人の成年後見が開始し，（中略）被相続人の財産を分別管理し，横浜家裁に報告する義務が生じた」が，「かかる義務を履行しつつも，被相続人とは実質的に生計が一であったため，後見業務の報酬を請求することはなかった」のであり，「かかる無償で後見業務を行ってきた客観的事情に鑑みると，原告が，生計一要件を満たし，小規模宅地の特例の適用があると考えたことには真にやむを得ない理由があると言うべきであ」ると予備的に主張する（原告第２準備書面・４及び５ページ）。

２　被告の反論

(1)ア　過少申告加算税は，過少申告による納税義務違反の事実があれば，原則としてその違反者に対して課されるものであり，これによって，当初から適法に申告し納税した納税者との間の客観的不公平の実質的な是正を図るととも

に，過少申告による納税義務違反の発生を防止し，適正な申告納税の実現を
図り，もって納税の実を挙げようとする行政上の措置である（最高裁平成1
8年4月20日第一小法廷判決・民集60巻4号1611ページ）。

　　したがって，過少申告加算税の上記趣旨に照らせば，通則法65条4項に
規定する「正当な理由があると認められる」場合とは，真に納税者の責めに
帰することのできない客観的な事情があり，上記のような過少申告加算税の
趣旨に照らしても，なお，納税者に過少申告加算税を賦課することが不当又
は酷になる場合をいうものと解するべきであり（前掲最高裁平成18年4月
20日第一小法廷判決），この点について，原告の前記1の主張も同様であ
ると思料される（原告の指摘する最高裁平成27年6月12日第二小法廷判
決・民集69巻4号1121ページも，前掲最高裁平成18年4月20日第
一小法廷判決参照としている。）。

　　また，上記趣旨及び通則法65条4項が同条1項の例外規定であることか
らすると，上記「正当な理由があると認められる」場合に当たる旨の主張立
証責任は，納税者が負うものと解される（最高裁平成11年6月10日第一
小法廷判決・訟務月報47巻5号1188ページ参照）。

イ　そして，前記アの過少申告加算税の趣旨からすれば，納税者の税法の不知
若しくは誤解に基づく場合は，「正当な理由があると認められる」場合に当
たらないと解される（東京高裁平成13年1月30日判決〔確定〕・税務訴
訟資料250号順号8826〔乙22〕）。

(2)　これを本件について見ると，措置法69条の4第1項に規定する「生計を一
にしていた」との要件は，被相続人と相続人等の日常生活の経済的側面の結び
付きの観点から設けられたものであり，納税者とその親族が「生計を一にして
いた」と判断するためには，両者が日常生活の糧を共通にしていたことが必要
であるところ，このことは既に裁判例においても認められているものである（被
告準備書面(1)・14及び15ページ，被告の令和元年11月19日付け準備

- 4 -

書面(3)・１４ページ)。

　したがって，原告の，本件相続の開始の直前において原告が本件被相続人と
生計を一にしていた本件被相続人の親族に当たる旨の前記１の主張は，「生計
を一にしていた」との要件の誤った解釈に基づくものと解されるところ，当該
誤りは，単に税法の知識不足又は誤解に基づくものであると認められるから，
原告に過少申告加算税を賦課することが過少申告加算税の趣旨に照らしても，
なお，不当又は酷である場合に当たらないことは明らかである。

　したがって，原告の前記１の主張には理由がない。

3　結語

　以上のとおり，原告の予備的主張にも理由がなく，本件更正処分等は適法であ
るから，原告の請求は速やかに棄却されるべきである。

以　上

平成３１年 ▪▪▪▪ 第 ▪▪ 号　相続税更正処分等取消請求事件

原告　亡 ▪▪▪▪ 訴訟承継人 ▪▪▪▪▪▪▪

被告　国（処分をした行政庁　藤沢税務署）

第３準備書面

令和２年８月３１日

横浜地方裁判所第１民事部合議Ａ係　御中

　　　　　　　原告訴訟代理人弁護士　　馬　渕　泰　至

　　　　　　　原告補佐人税理士　　　　田　中　潤

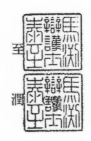

第１　原告に対する求釈明事項に対する回答

　１　１について

　　　亡 ▪▪▪▪ 氏（以下「亡 ▪▪ 」という。）の所有していた未登記建物は、

　　亡 ▪▪ が本件相続（被相続人 ▪▪▪ ）において取得した ▪▪▪▪▪▪▪▪▪

　　▪▪▪▪▪ の宅地（以下「本件土地」という。）上の４３３．５１８㎡部分（現

　　在の ▪▪▪▪▪▪▪ ）に存在する（甲１７・陳述書、甲１８・住宅地図、甲１

　　９・公図、甲２０の１ないし３・登記情報）。

　　　被相続人 ▪▪▪▪ の遺産分割において、亡 ▪▪ が未登記建物の敷地４３３．

　　５１８㎡部分を単独所有したことから、その後、当該部分につき庭内神祀部

　　分（非課税）を加えて分筆登記を行った。位置関係は後述する。

　２　２について

　　　未登記建物には、専用住宅（以下「本件建物①」という。）と作業所（以

　　下「本件建物②」という。）の２棟の建物が存在し、その内容は別紙物件目

　　録記載のとおりである。

1

　　藤沢市は、本件建物②の存在を当然に把握していたが、小規模であることから固定資産税の課税対象外としていた。

　　なお、本件建物①の固定資産税評価額は５４万５７３７円であり、令和元年度の固定資産税額は８９００円である（甲２１・固定資産税納税通知書）。

３　３について

　　本件建物①は亡＿＿＿の父である＿＿＿＿＿氏（以下「父＿＿」という。）により、昭和３９年に建築され、本件建物②は同じく父＿＿によって昭和４０年に建築された。

　　本件建物①及び本件建物②の所有権は、父＿＿の相続（平成１６年）により亡＿＿＿が取得した。

４　４について

　　亡＿＿＿の収入は大工業（自営）によるもののみであり、甲２号証９枚目の収入３００万円も当然大工業によるものである（甲２２・決算書）。

第２　本件建物①及び②について（甲１７）

　　父＿＿は、被相続人＿＿＿＿から本件土地を無償で借り受けることになり、昭和３９年に自らの住まいとして本件建物①を建築し、昭和４０年に大工業を行うための作業所として本件建物②を建築した。

　　位置関係は下記図のとおりである。

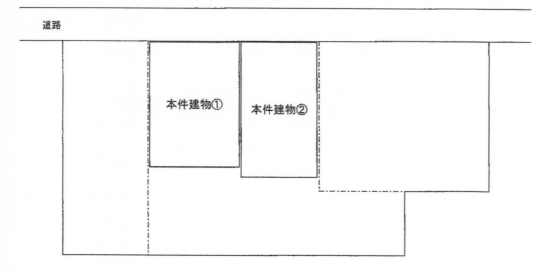

　父███は、本件建物②で材木の組立て、加工を行い、また、本件建物①②の裏及び横の空き地は、仕入れた材木を保管したり、乾燥させたりする材木置き場として利用していた。また、本件建物①も見積りなどの書類を作成するなどの事務作業や経理作業を行う場所として利用していた。

　亡███は、昭和４８年ころ、父███の大工業を手伝うようになり、父███が引退する平成６年まで、本件建物②において親子で大工業を営んでいた。父███が引退した後は、一人で大工業を営んだ。

　父███は、平成１６年に死亡するまで本件建物①に住んでいたが、父███死亡後、本件建物①に居住するものはなく、本件建物①は亡███の大工業の事務作業や経理作業の場所として利用されていた。

　亡███の収入は大工業による売り上げのみであり、被相続人███の身の回りの世話、後見業務が始まってから、時間がとられ、亡███の売上は激減した（甲２２）。

以上

3

平成３１年　　　第　　号　相続税更正処分等取消請求事件

原　　告　亡　　　　訴訟承継人

被　　告　国（処分をした行政庁　藤沢税務署長）

準　備　書　面　(6)

令和２年７月９日

横浜地方裁判所第１民事部合議Ａ係　御中

被告指定代理人

- 1 -

　被告は，本準備書面において，裁判所の令和２年４月２１日付け事務連絡（以下「**本件事務連絡**」という。）による被告国に対する求釈明事項に対して回答する。なお，略称等は，本準備書面で新たに用いるもののほかは，従前の例による。

第1　求釈明事項

1　求釈明事項1

　本件更正処分に適用される国税通則法，相続税法及び租税特別措置法は，いずれも平成２７年法律第９号による改正前のものであるという理解でよいか。そうでない場合には，その旨指摘されたい。

2　求釈明事項2

　租税特別措置法６９条の４第１項の「財務省令で定める建物又は構築物の敷地の用に供されているもののうち政令で定めるもの」の意義について説明し，本件に当てはめた場合の結論について主張されたい。

第2　求釈明事項に対する被告の回答

1　求釈明事項1（前記第1の1）について

　本件更正処分に適用される国税通則法（昭和３７年法律第６６号），相続税法（昭和２５年法律第７３号）及び租税特別措置法（昭和３２年法律第２６号）は，原則として，本件事務連絡のとおり，所得税法等の一部を改正する法律（平成２７年法律第９号）による改正前のものとなる。

　ただし，本件更正処分に関係する規定のうち後記(1)及び(2)で述べる相続税法１５条及び１６条並びに租税特別措置法６９条の４（ただし，同条が適用されるのは，本件特例が適用される場合に限る。）の各規定は，所得税法等の一部を改正する法律（平成２５年法律第５号。以下「**平成２５年改正法**」という。）の附則（経過規定）により本件相続開始日時点において未施行とされ，本件相続開始日（平成２６年８月２７日）後である平成２７年１月１日以後に相続又は遺

- 3 -

贈により取得する財産に係る相続税について適用されるため，上記各規定については，平成２５年改正法による改正前の相続税法及び租税特別措置法の各規定が適用される。

(1)　**相続税法について**

　　平成２５年改正法により，相続税法の一部改正が行われたところ，このうち，相続税法１５条(遺産に係る基礎控除)及び１６条(相続税の総額)の改正(以下，平成２５年改正法による改正前の相続税法１５条及び１６条を，それぞれ「**旧相続税法１５条**」及び「**旧相続税法１６条**」という。)については，平成２７年１月１日以後に相続又は遺贈により取得する財産に係る相続税について適用され，同日前に相続又は遺贈により取得した財産に係る相続税については従前どおりとされた(平成２５年改正法附則１条５号ロ，１０条１項。吉沢浩二郎ほか「改正税法のすべて」〔乙２３〕・５６９及び５７１ページ参照)。

　　したがって，本件相続税についての遺産に係る基礎控除及び相続税の総額については，それぞれ旧相続税法１５条及び１６条の規定が適用されることになり，その更正処分(本件更正処分)においても同規定が適用されることになる(被告準備書面(1)別表１「課税価格等の計算明細表」も，その前提で計算されている。)。

　　なお，被告は，被告準備書面(1)第２の１(2)柱書き(９ページ)において，「原告の納付すべき本件相続税の額は，相続税法(ただし，平成２７年法律第９号による改正前のもの。以下同じ)１５条ないし１７条の各規定に基づき，次のとおり算定したものである。」と主張していたが，正確には，「相続税法(原則として，平成２７年法律第９号による改正前の相続税法をいい，相続税法１５条及び１６条については，平成２５年法律第５号による改正前の相続税法をいう。以下同じ。)１５条ないし１７条の各規定に基づき，次のとおり算定したものである。」となるため，上記のとおり訂正する。

(2) 租税特別措置法について

ア　平成25年改正法により，租税特別措置法69条の4の一部改正が行われた（以下，平成25年改正法による改正前の租税特別措置法69条の4を「旧措置法69条の4」という。）。

　　具体的には，平成25年改正法では，旧措置法69条の4について，同条第2項に規定する限度面積要件（以下，単に「限度面積要件」という。）のうち，①同項2号に規定する特定居住用宅地等に係る適用対象面積の上限を改正前の240平方メートルから330平方メートルにし，また，②同項1号に規定する特定事業用等宅地等及び同項2号に規定する特定居住用宅地等のみを本件特例の対象として選択する場合については，旧措置法69条の4第2項4号に規定されていた限度面積の調整を行わず，それぞれの限度面積（特定事業用等宅地等につき400平方メートル，特定居住用宅地等につき330平方メートル）まで適用を可能とする旨の改正が行われた（乙23・587及び588ページ参照）。

イ　ただし，前記ア①及び②の改正は，平成27年1月1日以後に相続又は遺贈により取得する財産に係る相続税について適用され，同日前に相続又は遺贈により取得した財産に係る相続税については，なお従前の例によるとされた（平成25年改正法附則1条5号ハ，85条2項。乙23・591ページ参照。なお，平成25年改正法では，本件特例に関するその他の改正も行われたが，同改正については，平成26年1月1日以後に相続又は遺贈により取得する財産に係る相続税について適用されることとされた（平成25年改正法附則1条3号イ，85条1項。乙23・588ないし591ページ参照。）。）。

　　したがって，仮に本件特例の適用があるのであれば，本件相続税についての限度面積要件の適用については，旧措置法69条の4第2項の規定が適用されることになり，その更正処分（本件更正処分）に関しても同規定が

- 5 -

適用されることになるが，本件土地について本件特例を適用することができないことは，被告がこれまで繰り返し述べてきたとおりである。

2　求釈明事項2（前記第1の2）について

(1)　措置法69条の4第1項に規定する被相続人等の事業の用又は居住の用に供されていた宅地等で「財務省令で定める建物又は構築物の敷地の用に供されているもののうち政令で定めるもの」の意義について

ア　被告準備書面(1)（12ページ）で述べたとおり，措置法69条の4第1項は，個人が相続又は遺贈により取得した財産のうちに，当該相続の開始の直前において，当該相続若しくは遺贈に係る被相続人又は当該被相続人と生計を一にしていた親族（被相続人等）の事業の用又は居住の用に供されていた宅地等で財務省令に定める建物又は構築物の敷地の用に供されているもののうち政令で定めるもの（特例対象宅地等）がある場合に，一定の要件の下，相続税の課税価格に算入すべき価額を減額する旨規定している。

このように，措置法69条の4第1項は，特例対象宅地等の範囲を，被相続人等の事業の用又は居住の用に供されていた宅地等のうち，財務省令で定める建物又は構築物の敷地の用に供されているもののうち政令で定めるものに限定している。

イ　そして，同項に規定する「財務省令で定める建物又は構築物」とは，租税特別措置法施行規則（平成27年3月財務省令第30号による改正前のもの。以下「措置法施行規則」という。）23条の2第1項で，次に掲げる建物又は構築物以外の建物又は構築物と規定されている。

(ア)　温室その他の建物で，その敷地が耕作の用に供されるもの

(イ)　暗渠その他の構築物で，その敷地が耕作の用又は耕作若しくは養畜のための採草若しくは家畜の放牧の用に供されるもの

ウ　このように，本件特例の対象となる宅地等から，前記イ(ア)及び(イ)が除かれたのは，農地及び採草牧草地については，別途，農地等についての相

- 6 -

続税の納税猶予及び免除制度が設けられているためである（武田昌輔監修・DHCコンメンタール租税特別措置法〔乙24〕・4051の2ページ参照）。

エ　また，措置法69条4項第1項に規定する「被相続人等の事業の用又は居住の用に供されていた宅地等（中略）のうち政令で定めるもの」とは，租税特別措置法施行令（平成27年政令第148号による改正前のもの。以下「措置法施行令」という。）40条の2第4項で，相続の開始の直前において，当該被相続人等の措置法69条の4第1項に規定する事業の用又は居住の用に供されていた宅地等のうち所得税法2条1項16号に規定する棚卸資産（これに準ずるものとして財務省令で定めるものを含む。）に該当しない宅地等とし，これらの宅地等のうちに当該被相続人等の措置法69条の4第1項に規定する事業の用及び居住の用以外の用に供されていた部分があるときは，当該被相続人等の同項に規定する事業の用又は居住の用に供されていた部分に限ると規定されている。なお，措置法施行令40条の2第4項に規定のある棚卸資産に準ずるものとして財務省令で定めるものは，雑所得（所得税法35条1項）の基因となる土地又は土地の上に存する権利とされている（措置法施行規則23条の2第2項）。

オ　以上のとおり，措置法69条の4第1項に規定する被相続人等の事業の用又は居住の用に供されていた宅地等で「財務省令で定める建物又は構築物の敷地の用に供されているもののうち政令で定めるもの」（特例対象宅地等）とは，相続の開始の直前において，被相続人等の事業の用又は居住の用に供されていた宅地等のうち，農地及び採草放牧地以外のものであって，棚卸資産及び準棚卸資産（雑所得の起因となる土地等をいう。）に該当しないもの（被相続人等の事業の用又は居住の用に供されていた部分に限る。）をいう（乙24・4051の2ページ参照）。

(2)　本件に当てはめた場合の結論

　　本件土地（原告（亡　　　　　　　）が所有する建物の敷地部分〔４３３．５１８平方メートル〕に限る。甲１０・５枚目「利用区分，銘柄等」が「自用地　　　工務店部分」と記載された行及び同・１２枚目「選択した小規模宅地等」参照。）は，本件相続の開始の直前において，原告の所有する建物の敷地として，原告の営む建設業の用に供されており（被告準備書面(1)・１５ページ），措置法６９条の４第１項に規定する「財務省令で定める建物又は構築物の敷地の用に供されているもののうち政令で定めるもの」という要件自体には該当する。

　　しかしながら，被告がこれまで繰り返し述べてきたように，そもそも，原告は，本件相続の開始の直前において，本件被相続人と生計を一にしていた親族とは認められず，措置法６９条の４第１項に規定する「被相続人等」に該当しないから，本件土地は，措置法６９条の４第１項に規定する被相続人等の事業の用に供されていた宅地等に該当しない。

以　上

令和2年12月2日判決言渡　同日原本領収　裁判所書記官

平成31年　　　　第　　号　相続税更正処分等取消請求事件

口頭弁論終結日　令和2年9月9日

判　　　　　決

亡　　　　　訴訟承継人

原　　　告

同訴訟代理人弁護士　馬　渕　泰　至

同補佐人税理士　田　中　　潤

東京都千代田区霞が関1丁目1番1号

被　　　　　告　国

同代表者法務大臣　上　川　陽　子

処分行政庁　藤　沢　税　務　署　長

指　定　代　理　人

同　　　　　　　　　別紙指定代理人目録記載のとおり

主　　　　　文

1　原告の請求をいずれも棄却する。

2　訴訟費用は原告の負担とする。

事　実　及　び　理　由

（平方メートルの表記は，後記第2の2「法令の定め」を除き，記号（㎡）による。）

第1　請求

　　処分行政庁が，平成29年9月27日付けで亡　　　　　に対してした，被相続人　　　　の平成26年8月27日相続開始に係る相続税の更正処分のうち，課税価格5920万4000円，納付すべき税額509万1200円を超える

横　浜　地　方　裁　判　所

部分及び過少申告加算税賦課決定処分を取り消す。

第2　事案の概要等

　1　事案の概要

　　　本件は，□□□□（以下「□□」という。）の相続人である□□□□（以下「□□」という。）が，□□から相続した土地について，租税特別措置法（平成27年法律第9号による改正前のもの）69条の4第1項1号の規定による特例（小規模宅地等についての相続税の課税価格の計算の特例。以下「本件特例」という。）を適用し，課税価格に算入する価額を算出して相続税の申告をしたところ，藤沢税務署長が本件特例の適用は認められないとして，相続税の更正処分及び過少申告加算税の賦課決定処分をしたため，上記各処分はいずれも違法であるとして，本件更正処分のうち□□が修正申告した納付税額を超える部分及び本件賦課決定処分の取消しを求める事案である。

　　　□□□□は，本件訴訟係属中の令和元年12月29日死亡し，同人の妻である□□□□□□□（原告）がその訴訟上の地位を承継した。

　　　本件の主要な争点は，①□□が相続により取得した土地について本件特例が適用されるか否か（争点(1)），②過少申告加算税賦課決定処分につき□□に「正当な理由」があるといえるか否か（争点(2)）である。

　2　法令の定め

　⑴　国税通則法（平成27年法律第9号による改正前のもの。以下「通則法」という。）

　　　第65条（過少申告加算税）

　　　1項　期限内申告書（省略）が提出された場合（省略）において，・・・更正があったときは，当該納税者に対し，・・・更正に基づき第35条第2項（期限後申告等による納付）の規定により納付すべき税額に100分の10の割合を乗じて計算した金額に相当する過少申告加算税を課する。

2項　前項の規定に該当する場合において，同項に規定する納付すべき税額（省略）がその国税に係る期限内申告税額に相当する金額と５０万円とのいずれか多い金額を超えるときは，同項の過少申告加算税の額は，同項の規定にかかわらず，同項の規定により計算した金額に，当該超える部分に相当する税額（同項に規定する納付すべき税額が当該超える部分に相当する税額に満たないときは，当該納付すべき税額）に１００分の５の割合を乗じて計算した金額を加算した金額とする。

3項　前項において，次の各号に掲げる用語の意義は，当該各号の定めるところによる。

　一　省略

　二　期限内申告税額　期限内申告書（省略）の提出に基づき第３５条第１項又は第２項の規定により納付すべき税額（省略）

　　　イないしホ　省略

4項　第１項又は第２項に規定する納付すべき税額の計算の基礎となった事実のうちにその修正申告又は更正前の税額（還付金の額に相当する税額を含む。）の計算の基礎とされていなかったことについて正当な理由があると認められるものがある場合には，これらの項に規定する納付すべき税額からその正当な理由があると認められる事実に基づく税額として政令で定めるところにより計算した金額を控除して，これらの項の規定を適用する。

　5項　省略

(2)　相続税法（平成２７年法律第９号による改正前のもの。ただし，１５条及び１６条は平成２５年法律第５号による改正前のもの。）

ア　第１条の３（相続税の納税義務者）

　　次の各号のいずれかに掲げる者は，この法律により，相続税を納める義務がある。

横浜地方裁判所

3

　　　　一　相続・・・により財産を取得した個人で当該財産を取得した時にお

　　　　　いてこの法律の施行地に住所を有するもの

　　　　二ないし四　省略

　　イ　第11条の2（相続税の課税価格）

　　　　1項　相続・・・により財産を取得した者が第1条の3第1項第1号又

　　　　　は第2号の規定に該当する者である場合においては，その者につい

　　　　　ては，当該相続・・・により取得した財産の価額の合計額をもっ

　　　　　て，相続税の課税価格とする。

　　　　2項　省略

　　ウ　第15条（遺産に係る基礎控除）

　　　　1項　相続税の総額を計算する場合においては，同一の被相続人から相

　　　　　続・・・により財産を取得したすべての者に係る相続税の課税価格

　　　　　（省略）の合計額から，5000万円と1000万円に当該被相続

　　　　　人の相続人の数を乗じて得た金額との合計額（以下「遺産に係る基

　　　　　礎控除額」という。）を控除する。

　　　　2項　前項の相続人の数は，同項に規定する被相続人の民法第5編第2

　　　　　章（相続人）の規定による相続人の数（当該被相続人に養子がある

　　　　　場合の当該相続人の数に算入する当該被相続人の養子の数は，次の

　　　　　各号に掲げる場合の区分に応じ当該各号に定める養子の数に限るも

　　　　　のとし，相続の放棄があった場合には，その放棄がなかったものと

　　　　　した場合における相続人の数とする。）とする。

　　　　　一　当該被相続人に実子がある場合又は当該被相続人に実子がなく，

　　　　　　養子の数が1人である場合　1人

　　　　　二　省略

　　　　3項　省略

　　エ　第16条（相続税の総額）

　　　　　　　　　　　　　　　　　　　　　横浜地方裁判所

相続税の総額は，同一の被相続人から相続・・・により財産を取得した
すべての者に係る相続税の課税価格に相当する金額の合計額からその遺産
に係る基礎控除額を控除した金額を当該被相続人の前条第２項に規定する
相続人の数に応じた相続人が民法第９００条（法定相続分）及び第９０１
条（代襲相続人の相続分）の規定による相続分に応じて取得したものとし
た場合におけるその各取得金額（当該相続人が，１人である場合又はない
場合には，当該控除した金額）につきそれぞれその金額を次の表の上欄に
掲げる金額に区分してそれぞれの金額に同表の下欄に掲げる税率を乗じて
計算した金額を合計した金額とする。

１０００万円以下の金額	１００分の１０
１０００万円を超え３０００万円以下の金額	１００分の１５
３０００万円を超え５０００万円以下の金額	１００分の２０
５０００万円を超え１億円以下の金額	１００分の３０

以下，省略

オ　第１７条（各相続人等の相続税額）

相続・・・により財産を取得した者に係る相続税額は，その被相続人か
ら相続・・・により財産を取得したすべての者に係る相続税の総額に，そ
れぞれこれらの事由により財産を取得した者に係る相続税の課税価格が当
該財産を取得したすべての者に係る課税価格の合計額のうちに占める割合
を乗じて算出した金額とする。

カ　第２７条（相続税の申告書）

１項　相続・・・により財産を取得した者及び当該被相続人に係る相続
時精算課税適用者は，当該被相続人からこれらの事由により財産を

取得したすべての者に係る相続税の課税価格（省略）の合計額がその遺産に係る基礎控除額を超える場合において，その者に係る相続税の課税価格（省略）に係る第１５条から第１９条まで，第１９条の３から第２０条の２まで及び第２１条の１４から第２１条の１８までの規定による相続税額があるときは，その相続の開始があったことを知った日の翌日から１０月以内（省略）に課税価格，相続税額その他財務省令で定める事項を記載した申告書を納税地の所轄税務署長に提出しなければならない。

　２項ないし６項　省略

(3)　租税特別措置法（平成２７年法律第９号による改正前のもの。ただし，第６９条の４第２項については，平成２５年法律第５号による改正前のもの）

　第６９条の４（小規模宅地等についての相続税の課税価格の計算の特例）

　　１項　個人が相続・・・により取得した財産のうちに，当該相続の開始の直前において，当該相続・・・に係る被相続人又は当該被相続人と生計を一にしていた当該被相続人の親族（第３項において「被相続人等」という。）の事業（省略）の用・・・に供されていた宅地等（土地又は土地の上に存する権利をいう。同項及び次条第５項において同じ。）で財務省令で定める建物又は構築物の敷地の用に供されているもののうち政令で定めるもの（特定事業用宅地等，特定居住用宅地等，特定同族会社事業用宅地等及び貸付事業用宅地等に限る。以下この条において「特例対象宅地等」という。）がある場合には，当該相続・・・により財産を取得した者に係る全ての特例対象宅地等のうち，当該個人が取得をした特例対象宅地等又はその一部でこの項の規定の適用を受けるものとして政令で定めるところにより選択をしたもの（以下この項及び次項において「選択特例対象宅地等」という。）については，限度面積要件を満たす場合の当該選択特例対象宅地等（以下この項に

おいて「小規模宅地等」という。）に限り，相続税法第１１条の２に
規定する相続税の課税価格に算入すべき価額は，当該小規模宅地等の
価額に次の各号に掲げる小規模宅地等の区分に応じ当該各号に定める
割合を乗じて計算した金額とする。

一　特定事業用宅地等である小規模宅地等，特定居住用宅地等である
　　小規模宅地等及び特定同族会社事業用宅地等である小規模宅地等
　　１００分の２０

二　省略

２項　前項に規定する限度面積要件は，次の各号に掲げる場合の区分に応
　　じ，当該各号の定める要件とする。

一　当該相続・・・により財産を取得した者に係る選択特例対象宅
　　地等の全てが特定事業用宅地等又は特定同族会社事業用宅地等
　　（省略）である場合　当該選択特例対象宅地等の面積の合計が４
　　００平方メートル以下であること。

二ないし四　省略

３項　この条において，次の各号に掲げる用語の意義は，当該各号に定め
　　るところによる。

一　特定事業用宅地等　被相続人等の事業（省略）の用に供されてい
　　た宅地等で，次に掲げる要件のいずれかを満たす当該被相続人の親
　　族（省略）が相続・・・により取得したもの（政令で定める部分に
　　限る。）をいう。

　　イ　当該親族が，相続開始時から相続税法２７条・・・の規定によ
　　　る申告書の提出期限（以下この項において「申告期限」という。）ま
　　　での間に当該宅地等の上で営まれていた被相続人の事業を引き継
　　　ぎ，申告期限まで引き続き当該宅地等を有し，かつ，当該事業を
　　　営んでいること

ロ　当該被相続人の親族が当該被相続人と生計を一にしていた者で
あって，相続開始時から申告期限（省略）まで引き続き当該宅地
等を有し，かつ，相続開始前から申告期限まで引き続き当該宅地
等を自己の事業の用に供していること。

二ないし四　省略

4項ないし9項　省略

3　前提事実（争いのない事実及び記録上明らかな事実並びに後掲各証拠及び弁
論の全趣旨により容易に認められる事実。以下の事実を引用する場合，単に
「前提事実」といい，前提事実記載(1)の事実を「前提事実(1)」のように表記す
る。）

(1)　　　　　と　　　との関係等

　　　　は，　　　の甥（　　　の兄である　　　　　（以下「　　　」という。）の
子）であり，　　　の養子である。　　　の子は，長女である　　　　（以下
「　　　　」という。）と養子である　　　の2人のみである。争いがない）

　　　　は，別紙物件目録記載1の土地（地積928．92㎡。以下「本件宅
地」という。）を所有していた。　　　の父である　　　は，本件宅地上に，昭
和39年に同目録記載2の建物を，昭和40年に同目録記載3の建物（以下
「本件建物」という。）を建て，本件建物を作業場として使用して大工業を
営んでいた。　　　は，昭和48年頃父の大工業を手伝うようになり，平成6
年に父が引退してからは一人で大工業を営み，平成16年に父が死亡したこ
とにより，これらの建物を相続した。（甲11，甲13（4頁），甲21，
弁論の全趣旨）

(2)　　　についての後見開始の審判等

ア　　　　は，平成22年9月21日，横浜家庭裁判所に対し，　　　について
後見開始の審判の申立てをし，同裁判所は，平成23年1月31日，　　　
について後見を開始し，その成年後見人として　　　を選任するとともに，

横浜地方裁判所

8

その成年後見監督人を選任する旨の審判をし，同年２月１６日，同審判が確定した（以下，▉▉について開始された後見を「本件後見」といい，▉▉についての後見開始の審判を「本件後見開始の審判」という。）。（甲２，甲３の１，甲１３（３頁），弁論の全趣旨）

　　　▉▉は，以後，▉▉の成年後見人としてその財産管理を行うこととなった。（甲５ないし甲８，弁論の全趣旨）。

　イ　▉▉は，昭和３４年６月１２日以降，▉▉とともに▉▉▉▉▉▉▉▉▉▉▉▉▉▉▉▉▉▉▉▉▉に居住していた。▉▉は，昭和５７年５月１５日以降，▉▉▉▉▉▉▉▉▉▉▉▉▉▉▉▉▉▉に居住しており，▉▉とは同居していなかった。（乙８，乙９，弁論の全趣旨）

(3)　▉▉の死亡による相続及びその後の状況

　ア　▉▉は，平成２６年８月２７日，死亡し，▉▉と▉▉の２人が，▉▉の遺産（本件宅地を含む。）を相続した（以下，▉▉の死亡による相続を「本件相続」という。）。（甲８ないし甲１０，甲１３（３頁），乙７）

　　　本件宅地は，３筆に分筆され，そのうち本件建物等の敷地部分（分筆後の地番▉▉▉▉▉▉▉の土地，地積４５０.８５㎡。以下「本件土地」という。）を▉▉が単独で取得し，その他の２筆を▉▉▉及び▉▉が共有（持分各２分の１）で取得した。（甲９，甲１０，甲２０の１ないし３，乙７，弁論の全趣旨）

　イ　▉▉は，本件相続の開始時から本件相続税の申告期限まで引き続き本件土地を所有し，かつ，引き続き本件土地を▉▉が営む大工業の用に供していた。

(4)　相続税の申告，更正処分等，審査請求等

　　　▉▉は，本件土地につき本件特例の適用があることを前提として，本件相続に係る相続税の申告をした。本件相続に係る▉▉の相続税の申告，更正処分等，審査請求等の経緯は，「別表　課税処分等の経緯」のとおりである

横浜地方裁判所

　　（以下，□□□□に対する更正処分を「本件更正処分」と，過少申告賦課決定処分を「本件賦課決定処分」という。）。（甲9，甲10，甲12，甲13）

　　□□□□の審査請求に対する平成30年8月22日付け棄却裁決は，同月31日，送達された。（甲14，乙1）

　⑸　本件訴えの提起等

　　□□□□は，平成31年2月20日，横浜地方裁判所に本件訴えを提起したが，令和元年12月29日，死亡したため，同人の妻である□□□□□□□□がその訴訟上の地位を承継した。（争いのない事実）

4　本件課税処分及び本件賦課決定処分の根拠及び適法性に関する被告の主張

　　本件課税処分及び本件賦課決定処分の根拠及び適法性に関する被告の主張は，後記5⑴及び⑵の各（被告の主張）のほか，「別紙　本件各処分の根拠及び適法性に関する被告の主張」記載のとおりである。

5　争点に対する当事者の主張

⑴　本件土地につき本件特例が適用されるか否か（争点⑴）

　（原告の主張）

　ア　本件特例の趣旨は，一般に被相続人等の事業の用又は居住の用に供されている宅地等が相続人等の生活基盤の維持のために欠くことのできないものであって，その処分について相当の制約を受けるのが通常であることを踏まえ，中小企業の円滑な事業承継の観点から，相続財産の評価において特別な配慮を加える点にある。

　　　租税特別措置法69条の4第1項の「生計を一にしていた」との要件については，所得税法における「生計を一にする」との要件の解釈から検討すべきところ，最高裁昭和51年3月18日第一小法廷判決・裁判集民事117号201頁は，所得税法56条（事業から対価を受ける親族がある場合の必要経費の特例）における「生計を一にする」との要件につき，「有無相扶けて日常生活の資を共通にしてい」るとの規範を立てており，

この生計一要件は，①同一の生活単位に属しているか（独立した生活を営んでいないか），②相扶けて共同生活を営んでいるか，又は，③日常の生活の糧を共通にしているかによって判断されるべきことになる。

イ　本件における「生計を一にしていた」との要件の判断においては，░░░が░░░の成年後見人に就任していたという特殊性をどのように評価・考慮するのかが重要である。

(ア)　前記ア①（同一の生活単位に属しているか）の要件についてみると，░░░は，従前から，░░░の日常の世話をしており，家計の区別もされていない状況であったが，░░░の生活能力の著しい低下により，░░░の成年後見人に就任することとなり，その結果，░░░の財産の分別管理を余儀なくされるようになった。

その後，░░░は，３年半以上もの期間，░░░の成年後見人として，身上監護業務として░░░の生活の維持や医療，介護等，身上の保護に関する行為を行い，財産管理業務として，░░░の財産全体を把握し，包括代理権を行使することによりこれらの財産を保存し，一定の範囲で░░░のために利用する財産の管理に関する行為を無償で行ってきた。

判断能力のない成年被後見人に独立した生活単位など概念することができないことはいうまでもなく，身の回りの世話をする░░░と身の回りの世話をしてもらう░░░が，前記の①の要件である同一の生活単位に属していることの要件を充たしていることは明らかである。

(イ)　前記ア②（相扶けて共同生活を営んでいるか）の要件についてみると，身上監護，財産管理を行う░░░は，░░░のあらゆる生活を助けており，相扶けて共同生活を営んでいるとの要件を充たしていることは明らかである。

(ウ)　前記ア③（日常の生活の糧を共通にしているか）の要件についてみると，確かに，░░░は，░░░の財産分別管理義務を負っており，░░░の居

住費，食費，光熱費につき，▢▢▢の財産から拠出していたが，それは，形式的に▢▢▢の財産と▢▢▢の財産を別々に管理していたという意味合いを持つにすぎない。そもそも，▢▢▢には，判断能力がなく，自らの能力では，日常生活の経済的側面を担うことができず，そのすべてを▢▢▢に依存していたのである。そして，▢▢▢は，▢▢▢の包括的代理権を有し，▢▢▢のために，▢▢▢の財産を自由に処分することができる立場にあり，実際，▢▢▢は，▢▢▢の後見業務のため，▢▢▢の財産を自由に処分していた。

　このように，▢▢▢は，▢▢▢の財産は当然のこととして，▢▢▢の財産も全て自らのコントロール下にあり，両財産を自由に使っていたのであり，このような状態を社会通念に照らして判断すれば，日常生活の糧を▢▢▢の下で共通にしていたものと認められるから，日常の生活の糧を共通にしていることの要件を充たしていることも明らかである。

ウ　▢▢▢の父である▢▢▢は，▢▢▢の所有していた本件宅地（本件土地）上で事業（大工）を営んでおり，▢▢▢は，当該事業を承継し，本件宅地（本件土地）を利用し続け，▢▢▢から本件土地を相続したものであり，▢▢▢が父である▢▢▢の事業を承継した本件では，事業承継の保護という本件特例の趣旨が妥当する。

エ　したがって，▢▢▢は，被相続人である▢▢▢と「生計を一にしていた」親族に該当し，本件相続において，本件特例は適用されるべきである。

（被告の主張）

　本件土地に本件特例が適用されるとの原告の主張は争う。

ア　本件特例は，個人が相続により取得した財産のうちに，相続開始の直前において，被相続人等の事業の用又は居住の用に供されていた宅地等がある場合には，そのうち一定の部分について，相続税の課税価格に算入すべき価額の計算上，一定の割合を減額するというものである。

横浜地方裁判所

12

　　これは，中小企業の円滑な事業承継を立法の動機として，被相続人等の事業又は居住の用に供されていた小規模な宅地等については，一般にそれが相続人等の生活基盤の維持のために欠くことのできないものであって，その処分について相当の制約を受けるのが通常であるという担税力の減少に鑑み，相続税の課税上特別の配慮を加えることとしたものである。

　　また，本件特例が昭和５８年法律第１１号により新設される前においては，通達（昭和５０年６月２０日付け直資５−１７「事業又は居住の用に供されていた宅地の評価について」。なお，同通達は，本件特例の新設に伴い廃止された。）により，被相続人の事業の用又は居住の用に供されていた一定の宅地等について評価額が２０パーセント減額されていたところ，本件特例において，被相続人の事業の用又は居住の用に供されていた宅地等のほか，被相続人の親族で被相続人と生計を一にしていた者の事業の用又は居住の用に供されていた宅地等も本件特例の対象とすることができることとされた。

　　これは，例えば，父が不動産を無償で息子に貸し付け，生計を一にする息子が，事業を始めたような場合は，父親の宅地で事業が営まれ，その事業によって被相続人の生計が支えられているのであるから，被相続人の事業を親族が引き継ぐ場合と区別する必要はなく，被相続人が残した事業と同じく保護すべきであるが，生計を別にする子が父の事業を生前に承継しているような場合には，子が営む事業は，被相続人の生計とは無関係なわけであるから，被相続人が残した家業を承継する場合と同視することはできないという考え方によるものである。

イ　本件特例における「生計を一にしていた」との要件の意義については，相続税法上，定義された規定はないものの，一般的には，「生計」とは，「暮らしを立てるための手立て」を意味する用語であることからすれば，日常生活の経済的側面を指すものと解される。

横浜地方裁判所

　　　　そして，本件特例が，小規模な宅地等が相続人等の生活基盤の維持のた
　　めに欠くことのできないものであることを根拠の一つとしていることから
　　すれば，「生計を一にしていた」との要件は，被相続人と相続人等の日常生
　　活の経済的側面の結びつきの観点から設けられたものと考えられる。

　　　　そうすると，本件特例の適用に当たり，「生計を一にしていた」ものと
　　されるためには，その親族が被相続人と日常生活の糧を共通にしていたこ
　　とを要し，その判断は社会通念に照らして個々になされるべきである。

　　　　これを本件についてみると，本件後見の開始後においては，　　　の食費，
　　光熱費，その他日常の生活に係る費用は，　　　の家計とは区別された上で，
　　それらの費用に係る支出は，　　　に係る金銭出納帳及び　　　名義の信用金
　　庫の口座で管理されていたところ，金銭出納帳により管理されていた現金
　　は，その大部分が同口座又は同口座の預金を原資とする口座からのもので
　　あり，上記の信用金庫の口座には，　　　の収入及び同人が亡夫から相続し
　　た預金が入金されており，金銭出納帳及び同口座からは，本件後見に係る
　　後見事務費を除き，　　　への支払・出金は認められない一方，同口座に　　
　　　　からの入金も認められない。そして，　　　は，本件宅地（本件土地）上
　　に建築された本件建物で建設業を営み，また，　　　の資産及び負債の状況
　　に照らせば，　　　から生活費等の援助を受ける必要性はうかがわれない。
　ウ　したがって，　　　と　　　とは，居住費，食費，光熱費，その他日常の生
　　活に係る費用の全部又は主要な部分を共通にしていた関係にはなく，日常
　　生活の糧を共通にしていたとはいえず，「生計を一にしていた」とは認めら
　　れず，本件土地について，本件特例を適用することはできない。
(2)　本件賦課決定処分につき　　　に「正当な理由」があるといえるか否か（争
　　点(2)）
　　（原告の主張）
　　　過少申告加算税を課する趣旨は，当初から適正に申告し納税した納税者と

の間の客観的不公平の実質的な是正を図るとともに，過少申告による納税義務違反の発生を防止し適正な申告納税の実現を図るという点にあり，通則法６５条４項所定の「正当な理由」とは，真に納税者の責めに帰することのできない客観的な事情があり，上記のような過少申告加算税の趣旨に照らしてもなお納税者に過少申告加算税を賦課することが不当又は酷になる場合をいうものと解されている（最高裁平成２７年６月１２日第二小法廷判決・民集６９巻４号１１２１頁参照）。

　これを本件についてみると，░░░は，従前から，░░░の日常生活の世話をしており，生活費も一部負担していたところ，平成２３年から░░░について後見が開始し，░░░は，従前どおり，░░░の身上監護，財産管理を継続していたが，加えて，░░░の財産を分別管理し，横浜家庭裁判所に報告する義務が生じたので，この義務を履行しつつも，░░░とは実質的に生計が一であったため，後見業務の報酬を請求することはなかったものである。░░░に係る後見人の報酬は，年間６０万円程度と見込まれ，光熱費を優に超える金額であったにもかかわらず，░░░が無償で後見業務を行ってきた客観的事情に鑑みると，░░░が，「生計を一にしていた」との要件を満たし，本件特例の適用があると考えたことには真にやむを得ない理由があるというべきであり，░░░に過少申告加算税を賦課することは不当又は酷と認められる。

（被告の主張）

　「正当な理由」があるとの原告の主張は争う。

　過少申告加算税は，過少申告による納税義務違反の事実があれば，原則として，その違反者に対して課されるものであり，これによって，当初から適法に申告し納税した納税者との間の客観的不公平の実質的な是正を図るとともに，過少申告による納税義務違反の発生を防止し，適正な申告納税の実現を図り，もって納税の実を挙げようとする行政上の措置である（最高裁平成１８年４月２０日第一小法廷判決・民集６０巻４号１６１１頁（以下「平成

横浜地方裁判所

15

１８年最判」という。）参照）。

　　そうすると，過少申告加算税の上記趣旨に照らせば，通則法６５条４項に規定する「正当な理由があると認められる」場合とは，真に納税者の責めに帰することのできない客観的な事情があり，上記のような過少申告加算税の趣旨に照らしても，なお納税者に過少申告加算税を賦課することが不当又は酷になる場合をいうものと解すべきである（平成１８年最判）。

　　そして，上記の過少申告加算税の趣旨及び通則法６５条４項が同条１項の例外規定であることからすると，上記「正当な理由があると認められる」場合に当たる旨の主張立証責任は，納税者が負うものと解される。租税特別措置法６９条の４第１項に規定する「生計を一にしていた」との要件は，被相続人と相続人等の日常生活の経済的側面の結び付きの観点から設けられたものであり，納税者とその親族が「生計を一にしていた」と判断するためには，両者が日常生活の糧を共通にしていたことが必要であり，このことは，既に裁判例においても認められているものであるから，本件相続の開始の直前において▇▇▇が▇▇▇と生計を一にしていた▇▇▇の親族に当たる旨の▇▇▇の主張は，「生計を一にしていた」との要件の誤った解釈に基づくものである。この誤りは，単に税法の知識不足又は誤解に基づくものであると認められるから，▇▇▇に過少申告加算税を賦課することが過少申告加算税の趣旨に照らしても，なお不当又は酷である場合に当たるとの立証がされているとはいえない。

　　したがって，原告の前記主張には，理由がない。

第３　争点に対する当裁判所の判断

１　本件土地につき本件特例が適用されるか否か（争点(1)）について

　(1)　前記前提事実，掲記の証拠及び弁論の全趣旨によれば，以下の事実が認められる。

　　ア　▇▇▇（大正１４年１月１５日生）は，本件後見開始の審判がされた当時，

　　　　　　　　　　　　　　　　　　　　　　　　　の住所地で，長女の　　　　と同居

　して生活しており，　　　とは別居していた。

イ　　　　は，平成２２年６月頃から　　　の財産管理をするようになり，年６

　　８万円程度の　　　の生活費を，　　　の預り金から支払っていた。（甲２，

　　甲４）

ウ　本件後見開始の審判は平成２３年２月１６日確定し，　　　について後見

　　が開始した。当時，　　　には，年間約１８１～１９７万円の収入（年金収

　　入が約７２万円のほか，駐車場の賃料収入，有価証券の配当金など）があ

　　り，年間約１９５～２３６万円の支出（固定資産税約８１万円，食事の宅

　　配代約４３万円のほか支援介護費，生活費，水道光熱費など）があった。

　　また，　　　は，本件後見開始の審判がされた当時，約１２３６万円の預金，

　　評価額約２３２４万円の有価証券を所有していたほか，本件宅地，自宅の

　　建物等の不動産を所有していた。（甲４ないし甲８）

エ　　　　は，平成２４年５月２４日，夫である　　　　　（平成２２年６月１４

　　日死亡）の遺産分割により，預金約１３２４万円，国債約３００万円，不

　　動産（固定資産税評価で約７３１万円）を取得した。（甲６）

オ　　　　は，　　　の後見事務において，　　　　の食費，日用品費，ガソリン代，

　　水道光熱費，電話料金，訪問介護費，医療費，健康保険料，固定資産税等

　　の日常の費用，後見監督人に対する報酬等を支払っており，　　　に関する

　　支出や入金を金銭出納帳（以下「本件出納帳」という。）や　　　名義の預

　　金口座（　　　　　　　　　　　　　　　　　　　　　　　　　　　　　　　　

　　　　　　）で管理していた。同口座への入金は，　　　の年金，有価証券の

　　配当金，夫から相続した預金からの振込みなどであり，本件出納帳で管理

　　されていた現金は，同口座から引き出された現金や，　　　の自宅で発見さ

　　れた現金等である。平成２３年３月から　　　が死亡した平成２６年８月２

　　７日までの間，前記口座に　　　との間での出入金は見当たらず，本件出納

　　　　　　　　　　　　　　　　　　　　　　　　　横浜地方裁判所

17

帳で管理されていた現金に　　　から拠出された現金があることもうかがわれない。（甲４ないし甲８）

　　なお，　　　は，　　　の後見人としての報酬の支払を受けていなかった。（弁論の全趣旨）

　カ　本件後見開始の審判の申立てがされた当時，　　　は大工業を営んでいて，世帯収入は年間約４００万円，　　　自身の収入は年間約３００万円であった。（甲２，甲２２）

　キ　　　　は，平成２６年分の所得税及び復興特別所得税の確定申告において，　　　を扶養親族としていなかった。（甲１３（３頁），弁論の全趣旨）

(2)　前記前提事実及び前記認定事実によれば，本件土地は　　　の親族である　　　の事業の用に供されていたこと，　　　は本件相続開始時から申告期限まで引き続き本件土地を有していたこと，本件相続の開始前から申告期限まで引き続き当該宅地等を自己の事業の用に供していたこと，及び，　　　が相続により本件土地を取得したことは認められるので，本件において，本件特例の適用の有無を判断するに当たっては，「生計を一にしていた」との要件に該当するか否かが問題となる。

　本件特例は，個人が相続により取得した財産のうちに，相続開始の直前において，被相続人又は当該被相続人と生計を一にしていた当該被相続人の親族の事業等の用に供されていた宅地等がある場合には，そのうち一定の部分について，相続税の課税価格に算入すべき価額の計算上，一定の割合を減額するというものである。

　その趣旨は，被相続人等の事業等の用に供されていた小規模な宅地等については，一般にそれが相続人等の生活基盤の維持のために欠くことのできないものであって，その処分について相当の制約を受けるのが通常であることを踏まえ，担税力の減少に配慮したものであり，本件特例の適用により，中小企業の円滑な事業承継が実現するという関係にあるものと解される。そし

て，被相続人が所有する宅地等を利用してその親族が事業を営み，その事業によって被相続人及び相続人の生計が支えられている場合には，その宅地等は相続人等の生活基盤の維持のために欠くことのできないものであり，通常，その土地の処分について相当の制約を受けているから，そのような土地を相続した相続人の担税力もまた相当程度減少しており，日常生活の経済的側面の単位でみれば，被相続人の事業等の用に供されていた場合と同視できることから，同様の配慮をしたものと解される。

　このような本件特例の趣旨に照らすと，「生計を一にしていた」との要件は，当該土地を利用してなされる事業の収益によって被相続人と相続人（親族）の生活基盤が維持されるなど，社会通念に照らして，被相続人と相続人（親族）が日常生活の糧を共通にしていた事実を要するものと解するのが相当である。

　なお，前記のとおり，本件特例の適用により中小企業の円滑な事業承継という政策目的が実現するという関係にあるが，本件特例の趣旨は，担税力の減少への配慮にあるのであり，これと関係なく，円滑な事業承継の実現それ自体が独立して本件特例の趣旨に当たるものではないと解される。

(3)　これを本件についてみると，前記前提事実及び前記認定事実によれば，本件後見の開始から本件相続の開始までの間において，▆▆▆の食費，光熱費，その他日常の生活に係る費用に係る支出は，本件出納帳及び▆▆▆名義の口座で管理されており（(1)オ），本件出納帳により管理されていた現金は，▆▆▆の収入及び同人が亡夫から相続した預金が入金された▆▆▆名義の口座又は同口座の預金を原資とする▆▆▆名義の口座などからのものであるところ，▆▆▆名義の口座に▆▆▆との間での出入金は見当たらず，本件出納帳で管理されていた現金に▆▆▆から拠出された現金があることもうかがわれない（(1)オ）。また，▆▆▆は，大工業を営んでいて，相応の収入があり，▆▆▆から経済的な援助を受けていたことはうかがわれない。さらに，▆▆▆と▆▆▆は，それぞれ

の自宅で生活していて，同居していたわけではなく，▢▢▢▢は，平成２６年分の所得税及び復興特別所得税の確定申告において，▢▢▢▢を扶養親族としていなかったものである（⑴ア，カ，キ）。

　これらの事実からすれば，▢▢▢▢と▢▢▢とは，居住費，食費，光熱費，その他日常の生活に係る費用の全部又は主要な部分を共通にしていた関係にはなく，日常生活の糧を共通にしていたとはいえず，「生計を一にしていた」とは認められないものというべきである。

⑷　原告の主張に対する検討

ア　原告は，▢▢▢▢は従前から▢▢▢の日常の世話をしており，家計の区別がされていなかった旨の主張をする。確かに，▢▢▢は，平成２２年６月頃から▢▢▢の財産管理をするようになったが，▢▢▢の生活費は▢▢▢からの預り金から支出していたのであり，▢▢▢が▢▢▢の生活費を拠出していたとか，両者の家計が一体になっていたとかいう事情は見当たらない。

イ　原告は，▢▢▢が▢▢▢の成年後見人となっていたという特殊性を考慮すれば，▢▢▢▢と▢▢▢は同一の生活単位に属しており，相扶けて共同生活を営んでいるといえる上，▢▢▢は▢▢▢の財産と成年後見人として▢▢▢の財産を全て自らのコントロール下に置いていたのであるから，日常の生活の糧を共通にしていたといえ，生計一要件を充足するものと解すべきであると主張する。

　しかし，前記⑵のとおり，本件特例の趣旨は，被相続人等の事業等の用に供されていた小規模な宅地等については，一般にそれが相続人等の生活基盤の維持のために欠くことのできないものであって，その処分について相当の制約を受けるのが通常であることを踏まえ，担税力の減少に配慮した点にあると解されるから，「生計を一にしていた」との要件に該当するというためには，▢▢▢▢の事業によって，▢▢▢のみならず，被相続人である▢▢▢の生計が維持されていたという関係がなければならない。原告が主張

横浜地方裁判所

する▓▓の▓▓に対する生活面での種々の貢献や▓▓の成年後見人として
の財産管理は，▓▓の▓▓に対する成年後見人としての報酬請求権や本件
相続における▓▓の寄与を基礎付けるものではあっても，上記の宅地等の
処分の制約や担税力の減少を基礎付けるものとはいえず，原告の主張する
事情は，生計一要件を基礎付けるものであるとはいえない。

ウ　原告は，▓▓が父である▓▓から本件宅地（本件土地）で営んでいた大
工業を承継した本件においては，事業承継の保護という本件特例の趣旨が
妥当すると主張する。しかし，前記のとおり，本件特例は，当該宅地等に
ついて，担税力の減少に配慮したものであって，その適用により中小企業
の円滑な事業承継が実現するという関係にあるとしても，中小企業の円滑
な事業承継そのものをその目的とするものとは解されない。そして，被相
続人と生計を一にしていた当該被相続人の親族の事業等の用に供されてい
た宅地について本件特例が適用される趣旨は，このような場合であっても，
日常生活の経済的側面の単位でみれば，当該宅地等が被相続人の事業等の
用に供されていた場合と同視することができることによるものであり，そ
のような関係がないにもかかわらず，被相続人以外の者からの事業の承継
を保護する趣旨とは解されない。

　　　したがって，原告の上記主張は理由がなく，採用することができない。

(5)　よって，本件土地に原告が主張する本件特例の適用は認められないから，
本件土地の価額は５４７２万０８０９円（甲１０）となり，このことを前提
に▓▓の納付すべき相続税額を計算すると，その額は，別表１順号１６の
「原告」欄の金額のとおりに計算されることが認められ（弁論の全趣旨），こ
れは，本件更正処分の額（別表順号４の「納付すべき税額」欄の金額）と一
致するから，本件更正処分は，正しい税額の範囲内の処分であり，適法な処
分であると認められる。

2　本件賦課決定処分につき，▓▓に「正当な理由」があるといえるか否か（争

点(2)) について

(1)　過少申告加算税は，過少申告をした納税者と当初から適法に申告し納税した納税者との間の客観的不公平の実質的な是正を図るとともに，過少申告による納税義務違反の発生を防止し，適正な申告納税の実現を図り，もって納税の実を挙げようとする行政上の措置であるから，このような過少申告加算税の制度趣旨に照らすと，通則法６５条４項に規定する「正当な理由があると認められる」場合とは，真に納税者の責めに帰することのできない客観的な事情があり，上記のような過少申告加算税の趣旨に照らしても，なお納税者に過少申告加算税を賦課することが不当又は酷になる場合をいうものと解するのが相当である（平成１８年最判）。

(2)　これを本件について見ると，租税特別措置法６９条の４第１項に規定する「生計を一にしていた」との要件の解釈は，前記１(2)で説示したとおりであり，また，▢▢や▢▢の生活状況等は前記認定のとおりであるところ，本件賦課決定処分当時，前記認定の▢▢や▢の生活状況に照らして，▢▢が▢と「生計を一にしていた」との要件を満たすとする課税庁の公的見解や文献等が存在していたことはうかがわれず，本件において「生計を一にしていた」との要件を満たすとする▢▢の解釈は，独自のものであるといわざるを得ないから，本件において，▢▢に過少申告加算税を賦課することが，過少申告加算税の趣旨に照らしてもなお不当又は酷である場合に当たる場合であるとはいえない。

　　　したがって，原告の前記主張は理由がなく，採用することはできない。

(3)　よって，▢▢に「正当な理由」があるとは認められないから，過少申告加算税の額は，別表３順号１２の「金額」欄の金額のとおり計算されることが認められ（弁論の全趣旨），これは，本件賦課決定処分の額（別表順号４の「過少申告加算税」欄の金額）と一致するから，本件賦課決定処分は，正しい税額の範囲内の処分であり，適法な処分であると認められる。

横 浜 地 方 裁 判 所

22

第4　結論

　　以上のとおり，原告が主張する本件特例の適用は認められず（争点(1)），このことを前提に▢▢▢の納付すべき相続税額を計算すると，その額は，本件更正処分の額と一致するから，本件更正処分は正しい税額の範囲内の処分であり，また，本件賦課決定処分に関する「正当な理由」があるとは認められず（争点(2)），過少申告加算税の額は，本件賦課決定処分の額と一致するから，本件賦課決定処分は正しい税額の範囲内の処分であって，本件更正処分及び本件賦課決定処分は，いずれも適法である。

　　よって，原告の請求は，理由がないから，いずれも棄却することとして，主文のとおり判決する。

　　　横浜地方裁判所第1民事部

裁判長裁判官　　　　岡　　田　　伸　　太

裁判官　　　　寺　　田　　悠　　亮

裁判官　　　　西　　村　　有　　紗

横浜地方裁判所

これは正本である。

令和2年12月2日

横浜地方裁判所第1民事部

裁判所書記官

東京高等裁判所　　　御中

意　見　書

2021 年 1 月 20 日

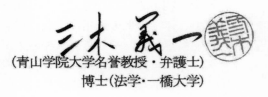

（青山学院大学名誉教授・弁護士）
博士（法学・一橋大学）

- 1 -

　はじめに

　　長年、税法の研究教育に従事してきた者として、第一審判決については、その解釈の基本的な誤りもさることながら、誤った解釈が与える社会的制度への影響にも配慮できない、その杜撰さに驚かざるをえない。第一審判決のような論理を、司法の判断として確定するなら、課税庁・裁判所の非常識さを社会が非難することになるのは間違いない。

　　理由は簡単である。高齢者のための成年後見が問題になった場合、第一審判決のような判断（成年後見を申し立てると、生計が一ではなくなり、小規模宅地特例は適用されないという判断）がなされるのであれば、実務家は成年後見の選択を止めさせざるをえないからである。

　　成年後見の被後見人は通常高齢で相続も間近でもあるところ、相続人の不動産が相続人の事業に利用されているような場合には、律儀に後見制度を利用すると特例の対象にならないから、止めるべきだとアドバイスしないと専門家責任を問われることになりかねない。それどころか、専門家としては、被相続人と相続人の家計をごっちゃにして、まずは被相続人の財産を費消して、被相続人の財産がなくなったら、次いで相続人の資金で家計を賄っていった方が安全ですよ、と言わねばならなくなる。その方がはるかに相続税負担は軽くなる、からである。かくして、民法が高齢化社会に備えて整備した成年後見制度は崩壊する。

　　控訴審で問われているのは、民法上の制度にも、健全な市民常識にも反する第一審判決を維持されるのか、それとも生計一という要件において、成年後見制度の特殊性を考慮し、司法としての常識・良識を示すか、と言うことだと思われる。

一　本件特例の趣旨と「生計を一」

　　第一審判決は本件特例の趣旨を次のように解している。

> 　　その趣旨は，被相続人等の事業等の用に供されていた小規模な宅地等については，一般にそれが相続人等の生活基盤の維持のために欠くことのできないものであって，その処分について相当の制約を受けるのが通常であることを踏まえ，担税力の減少に配慮したものであり，本件特例の適用により，中小企業の円滑な事業承継が実現するという関係にあるものと解される。そして，被相続人が所有する宅地等を利用してその親族が事業を営み，その事業によって被相続人及び相続人の生計が支えられている場合には，その宅地等は相続人等の生活基盤の維持のために欠くことのできないものであり，通常，その土地の処分について相当の制約を受けているから，そのような土地を相続した相続人の担税力もまた相当程度減少しており，日常生活の経済的側面の単位でみれば，被相続人の事業等の用に供されていた場合と同視できることから，同様の配慮をしたものと解される。（18頁以下）

このように表現したとしても必ずしも間違いではないであろう。よりわかりやすく、相続税の本来の原理から説明すると、通常の場合は、相続を通じて相続人には新たな経済的利益が発生し、そこに担税力を見いだして税負担を求めることになる。ところが、被相続人が行っている事業などを相続人が承継する場合には、事業自体には相続を通じて新たな経済的利益が生じるわけではない、という批判が従来からあった（もちろん、事業を承継した相続人は、当該財産を処分しうるようになる、と言う新たな経済的利益を得ているのだ、と言う反論もありえる）。

この事業承継の場合の経済的利益の有無の観点から、相続税における負担軽減措置が設けられてきたのであるが、同様の問題は、「被相続人の事業」だけではなく、「相続人の事業」の場合もあり得るのである。

そこで、相続財産の中に「相続人の事業」用地などもある場合に、どの相続人の事業まで対象を広げるかが問題となるが、現行法は「被相続人の親族が当該被相続人と生計を一」にしている場合に限定した。この限定方法に相続税法特有の原理が係わっているのであれば、何らかの要件を加えるべきであるが、所得税法の「生計を一」概念をそのまま用いるので、所得税法と同様に、かなり幅広く財布を一つにしている状態を対象にしていることになる。

この点、被控訴人は原審での準備書面において同一用語が用いられても税法の目的によって解釈は違うなどと主張し、消費税の「事業」と所得税の「事業」の範囲が異なることを認めた裁判例を論拠にしているが、必ずしも適切な論拠ではない。

というのは、一般に「事業」というのは反復継続して行われる活動を広くさすが、所得税法は、そのような行為から生まれる所得を単一の「事業所得」に包含せずに、「不動産所得」「譲渡所得」「雑所得」という区分も設け、一定の要件で各種所得に振り分けているからである。その意味で所得税における事業所得は事業的活動から生じる所得の一部でしかないからである。これに対して、消費税法はそのような所得区分をする必要がなく、反復継続する活動により資産の譲渡を広く課税対象にしているので、所得税法とは前提が異なり、対象が広くなるのは当然なのである。これを、全く同一の概念が異なるように解釈されていることの例にするのは不適切といわざるを得ない。

むしろ、本件の「生計を一」という概念が税法で特に定義されているものではなく、広く社会的に使われている用語でもあることも考慮すると、このような場合には、「期間」概念が問題となった最高裁平成22年3月2日第三小法廷判決（平成19年（行ヒ）第105号）が参照されるべきであろう。同判決は次のように判示している。

一般に、「期間」とは、ある時点から他の時点までの時間的隔たりといった、時的連続性を持った概念であると解されているから、施行令３２２条にいう「当該支払金額の計算期間」も、当該支払金額の計算の基礎となった期間の初日から末日までという時的連続性を持った概念であると解するのが自然であり、これと異なる解釈を採るべき根拠となる規定は見当たらない。

原審は、上記4のとおり判示するが、租税法規はみだりに規定の文言を離れて解釈すべきものではなく、原審のような解釈を採ることは、上記のとおり、文言上困難であるのみ

> ならず，ホステス報酬に係る源泉徴収制度において基礎控除方式が採られた趣旨は，できる限り源泉所得税額に係る還付の手数を省くことにあったことが、立法担当者の説明等からうかがわれるところであり，この点からみても，原審のような解釈は採用し難い。

　　つまり、「生計を一」というのは、一般市民でも使う概念であるので、税法の解釈としても一般の常識にかなう解釈でなければおかしいことになる。
　　この点、第一審は「居住費、食費、光熱費その他日常の生活の費用に係わる主要な部分を共通にしていた関係にはなく、日常生活の糧を共通にしていたとはいえず、『生計を一にしていた』とは認められない」と言うが、「生計を一」は一般にはもっと広く、いわゆる財布が一つのような関係でお互いが相扶けていれば良いのであり、そこまで厳格に狭く解釈する必要はない。
　　しかも、これがなぜ資産税特有の要件になるのか全く理解できない。「日常生活の糧を共通にしていた」というのは、むしろ個人の所得課税の担税力を考慮する場合にこそ必要な要素であり、そういう関係の場合には、そこから所得を形式的に得たとしても、実質的には家計の主宰者の所得の処分に過ぎないと判断されるのである。このような場合は個人単位課税の原則を利用させるわけにはいかず、家族間に所得を分散させることを否定する論拠として利用されるのである。
　　これが、なぜ、相続税のような資産税の場合に重視しなければならないのか、長年税法を研究してきた者として理解に苦しむ。仮に所得税とは異なる意味で相続税のような資産税に使うなら、資産である家産（一家の財産）としての一体性、つまり相続があったとは言え、相続を通じての富の増加があったとは言いがたい家族関係だったかを測る基準として「生計を一」を用いたとしか考えられない。
　　いずれにせよ、原審判断は出発点を間違えている。

二　世帯課税と「生計を一」

　　さて、「生計を一」という概念は、戦後、所得税法が世帯単位から個人単位に切り替えたが、同時にそれを悪用する「要領のよい納税者」対策として導入された。
　　シャウプ勧告の次の指摘がその端緒であった。

> しかし，この個別申告制にある程度の制限を設けておかないと，要領のよい納税者は，配偶者または子供に財産およびこれから生ずる所得を譲渡することによって税負拠を軽減しようとするから，相当の問題の起ることが予想される。同様にして，かれらは妻子を同族の事業に雇傭して，これに賃銀を支払うという抜け道を講ずるであろう。納税者と同居する配偶者及び未成年者の資産所得はいかなる場合にも納税者の申告書に記載させ合算して課税することによってこの種の問題は避けられるのであるが，これは個人申告の原則を大して犠牲にするものとはいえまい。同様にして，納税者の経営する事業に雇傭されている配偶者

および未成年者の給与所得は，納脱者の所得に合算させるようにすべきである。（日本税制報告書・第1篇第四章E節）

　これを受けて昭和27年改正で「生計を一にする」個人事業者の個人単位課税を利用した所得の分散を防止したといえる。これは当時の個人事業における所得が事業主個人に帰属し、家族従業員に給与を支払う慣行もなかった社会を背景にしており、高率超過累進税率の適用を避けるように、個人事業主が所得を家族間に分配することを規制したのである。

　この規制が前提にした家族像は、父親が一人で稼ぎ、家族全員がその稼ぎで生活するという古典的家族像であった。

　その後、現実社会の家族像の変遷の中で、様々な問題が「生計を一」に関連して生じてきたが、家族がそれぞれ独自に稼ぎ出しても、家族のために供出し、その稼ぎを誰かがまとめて管理し支出しているような場合は、基本的には生計は一と解されてきた。

　したがって「財布を一つにして、生活をする」という大きな枠組みで理解されてきたし、課税庁もできるだけこの要件を広く解して所得課税してきたことは間違いない。

　ところが、今回は、相続税法における特例の適用要件の問題であり、「生計を一」を広く解する従来のスタンスだと課税に不利になるケースなので、突如、ご都合主義的に狭い解釈に転じている。

　また、財布を一つにして生活している被相続人と相続人において、相続が生じ、相続財産のなかに相続人がすでに行っている事業用地などがある場合、相続によって、相続税の負担をできるような新たな経済的利益が生じたとは言いがたい。原審はさかんに「担税力の減少への配慮」が重要であって、「円滑な事業承継」は特例の趣旨ではないことを強調し、あたかも本件の場合に「担税力の減少」がないかのように錯覚されているが、本件相続によって、通常の相続のような担税力が、事業を継続している相続人にとってあるというのだろうか。担税力のない事業承継人に残された道は事業をあきらめ財産を処分して相続税を納付するという事態であろう。本件特例はそういう事態を、一定の相続人には避けるように配慮した制度に他ならない。

　このような観点から、本件を検討してみよう。

三　生計を一の諸相

　生計を一としているかどうかは、同居している場合は、よほど明確な区分がなされていない限りは生計を一と解されてきた。各自に多少の独自の収入や支出があったとしても基本的には世帯主の財布の中で生活している関係と言えるからであろう。

　他方で、同居をやめ、独自の生活をはじめた場合にも扶助義務に基づく財政援助などが行われてきている場合はやはり世帯主の財布の中で生活している、と解されるからである。

　他方で、親子であっても同居していない場合で、独自の収入があり、それを独自の判断で処理している場合には、もはや生計を一にしているとはいえない。自分の財布で生活している関係だからである。この場合重要なのは自分の財布と言えるためには自分で判断して、自分で支出する、と言うことである。

　本件はまさにこの点が欠けているのである。もし被相続人に判断能力が存在すれば、控訴人との生計を一の関係はないと言わねばならない。また、被相続人と同居しているもう一人の相続人に判断能力があれば、この方が後見人となれば、その場合も控訴人との生計を一の関係は生じなかったと思われる。

　しかし、大変お気の毒であったが、本件の場合には、被相続人に判断能力が失せ、また同居していた相続人も知的障害で判断能力がなかったケースであり、控訴人が二人の成年後見人に就任し、その後の二人の面倒を見てきたのである。そうすると、この関係を図示すると、下記のようになろう。

　つまり、控訴人が彼の家族と被相続人及び同居の相続人の生活の面倒を見てあげねばならず、そのために必要な財政支出や行い、労務提供も無償で提供していたのである。もちろん、成年後見制度との関わりで、財布の中に形式的な仕切りがあるが、その具体的適用も含めてすべて控訴人が支出しており、被相続人には支出する権限が完全に消滅しているのである。

　論じるまでもないことであるが、後見開始決定が出るためには、事理弁識能力を欠く常況が必要であり（医師の診断書が必要となる。）、家庭裁判所により事理弁識能力がないと判断された被後見人は行為能力が制限され、もはや被後見人に独立の家計など観念できない。生計とはくらしていく方法、手段であり、家計とは一家の生活を維持していくことを意味し、単に財産の所有権の問題ではないところ、被後見人の資産である生活基盤の維持に控訴人の協力が必要不可欠であったことは明白な事実である。

　これを「生計を一にしている」と言わなくて何がなるのだろう。

　一審及び被控訴人は「相続人名義の口座で管理されており、そこから支出されていた」から別だ、と言うが、そのように支出してきたのは他ならぬ控訴人であって、被相続人ではないのである。なぜ、このイロハがわからないのだろう。彼らのような論理がまかり通れば、後見案件はすべて生計一要件を満たさなくなろう。

　なお、後見案件でも、相続人が扶養する場合あるいは扶養される場合は、相続人・被相続人間に金銭のやりとりがあり、生計一要件を満たすとの反論がありうるかもしれないが、そもそも、相続人が被相続人を扶養する場合は、被相続人の財産管理の必要がなく、後見申立ては必要ないといえようし、逆に、相続人が被相続人から扶養される場合は、後見申立てをすると、裁判所が被相続人の財産を相続人のために拠出することは認めないであろうから、そもそも後見申立てをすることは考えにくい。さらにいえば、そもそも、「被相続人が貧乏で扶養してあげなければならない場合」、あるいは、「相続人が貧乏で扶養してもらわなければならない場合」に限定して小規模宅地の特例が適用されるというのは、特例の趣旨との関係でも極めて不適切な主張である。

　しかも、控訴人は、本来後見人として受けとるべき報酬を受けることなく、誠実に後見をしてきたのである。第三者間であれば当然受け取る報酬を受け取らないと言うことは、その結構な金額に及ぶであろう報酬を「家族」を支えるために拠出していることに他ならない。しかも、被相続人の状態からすると日常生活のための買い物その他のための活動を控訴人夫婦が行い、第三者であれば受けるべき報酬や日常の援助のためのガソリン代等の費用も控訴人が負担してきたのである。被控訴人らは控訴人が被相続人のためにお金を支出していたとも言えないと主張するが、取るべき報酬を取らないのは収入すべき金額を被相続人に与え、被相続人の財産を保全しているのである。あるいは、控訴人と被相続人は生計が一だったからこそ報酬請求しなかったのである。なぜ、こんな基本的な家族関係も理解し得ない人たちが生計を一にしていないなどと主張し、判断したのか、全く理解しがたい。

おわりに

　以上、原審の判断及び被控訴人の主張の誤りを指摘してきた。率直に言って、原審判決はあまりに杜撰で、資産税の論点を理解しているとも思えない。このような判決が確定したら、課税庁及び裁判所の社会的信用も失われかねない。是非とも高等裁判所におかれては、社会正義にかなうように、本件をご検討いただき、原審の誤りを是正されるよう、切にお願い申し上げて本稿を終えたい。

意見書執筆者の経歴

三木義一（MIKI　Yoshikazu）　　青山学院大学名誉教授（前・学長）

生年月日：　　1950年5月3日
学位：　博士（法学・一橋大学）1993年3月10日

学歴・職歴
1973年3月　　中央大学　法学部法律学科卒業
1975年3月　　一橋大学大学院　法学研究科公法専攻修士課程修了　修士〔法学〕
1975年11月　一橋大学大学院　法学研究科公法専攻博士課程退学
1975年12月　日本大学法学部助手
1980年4月　　静岡大学　人文学部法学科専任講師
1980年10月　 静岡大学　人文学部法学科助教授
1993年4月　　静岡大学　人文学部法学科教授
1994年4月　　立命館大学　法学部教授
2004年4月　　立命館大学大学院　法務研究科教授
2010年4月　　青山学院大学　法学部教授
2014年4月　　青山学院大学　法学部部長・大学院　法学研究科長
2015年12月　同大学学長
2019年12月　 学長任期満了退任
2020年04月　 定年退職

公的機関における活動
1998年4月〜1998年10月　ドイツ・ミュンスター財政裁判所　客員裁判官

　　　　　　　　　　　　　　　（Richter am Finanzgericht Münster）

1998年10月〜1999年5月　土地政策審議会特別委員
2002年4月〜2014年8月　　滋賀県土地調査委員会委員・議長
2010年2月〜2013年1月　　政府税制調査会専門家委員会委員
　　　　　　　　　　　　　　（納税環境整備小委員会座長）

主な研究業績
1．著書（単著）
　　『日本の税金（第3版）』（岩波書店・2018年）
　　『日本の納税者』（岩波書店・2015年）
　　『相続・贈与と税』（信山社・2005）
　　『受益者負担制度の法的研究』（信山社・1995）
　　『現代税法と人権』（勁草書房・1992）
　　など。その他、実務書、監修書等も多数ある。　　　　　　（以上）

令和3年 ▨▨▨ 第 ▨ 号　相続税更正処分等取消請求控訴事件

控訴人　　亡 ▨▨▨▨ 訴訟承継人 ▨▨▨▨

被控訴人　国

控　訴　理　由　書

令和3年2月15日

東京高等裁判所第11民事部　御中

控訴人代理人弁護士　　　馬　渕　泰　至 ㊞

控訴人補佐人税理士　　　田　中　　潤 ㊞

第1　本件訴訟の争点（以下、略語は原判決に従う。）

　　本件訴訟の争点は、成年後見事案における本件特例（租税特別措置法69条の
　4第1項1号）の「生計一要件」の解釈・適用のみである。

　　そして、控訴人としては、▨▨▨▨ が義母 ▨▨▨ と義妹 ▨▨▨▨ の成年後見人に就任し
　ている事案（甲3及び甲4。家族関係は訴状3頁参照。）においては、その特殊性
　を考慮して、本件特例の趣旨を没却しないように生計一要件を解釈・適用すべき
　と主張するものである。

第2　原判決の問題点

　1　原判決は、生計一要件の解釈・適用につき、被相続人である ▨▨▨ が判断能力
　　（事理弁識能力）を喪失し、後見開始決定を受け、相続人であった ▨▨▨ が成年
　　後見人を引き受けて、無償で膨大な後見事務（財産管理及び身上保護）をこな

1

してきたという特殊性を考慮することなく、ただ、□□と□□との間において現金、預金の出入金がないことをことさら強調して「居住費、食費、光熱費、その他日常の生活の費用に係る全部又は主要な部分を共通にしていた関係にはな」かったと認定し（原判決20頁）、生計一要件を否定した。

2　言うまでもないが、成年後見人には、財産の分別管理をする義務があることから、成年被後見人に少しでも財産があれば、成年後見人は自らの財産と分別して管理しなければならない。特に、成年後見人による横領が多発した昨今、家庭裁判所は、成年後見人に対し、被後見人の財産の分別管理を厳しく指導、要求している。

　　そして、本件事案においても、□□に蓄えがあったことから、□□は、家庭裁判所の指導に従い、自らの財産と□□の財産をしっかり分別して管理せざるをえず、結果として、□□と□□の間に現金、預金の出入金がなかったのである。

　　つまり、□□と□□の間に出入金がなかったのは、成年後見事案である以上、当然のことである。

3　このように原判決に従うと、被相続人が成年被後見人となり、相続人が成年後見人に就任した場合、被相続人に少しでも蓄えがあれば、相続人（かつ成年後見人）に分別管理義務が発生することから、現金や預金の行き来はなくなり、結果、生計一要件は満たさず、本件特例の適用が排除されてしまう。

　　そもそも、本件特例の趣旨は、相続人等の生活基盤の維持のために欠くことのできない不動産については、その処分に相当の制約を受けることから、その担税力の減少に配慮する点にあり、本件特例の適用は被相続人に蓄えがある場合を排除していないどころか、むしろ、被相続人に資産があることを前提とした特例である。

　　また、本件特例は、成年後見事案を排除する趣旨のものではないことは言うまでもない。

　　よって、原判決は、本件特例の趣旨を没却させ、成年後見人を兼ねる相続人
　に不当に酷な結果を強いる違法な解釈・適用をしており、特に、高齢化社会で
　成年後見制度が重用される昨今において、あるまじき解釈・適用である。

第3　生計一要件について
1　本件特例の趣旨と生計一要件の関係について
　　本件特例の趣旨を簡潔に説明する。

　　相続税の本来の原理からすると、相続人が被相続人の財産を相続した場合、
　相続人には新たな経済的利益が発生することから、そこに担税力を見いだし、
　税負担を求めることになる。

　　ところが、被相続人が行っている事業を相続人が承継する場合は、事業自体
　に相続を通じて新たな経済的利益が生じるわけではなく、十分な担税力が見い
　だせない。

　　そこで、相続による事業承継の場合、経済的利益の有無の観点から、相続税
　の負担軽減のために設けられた措置が本件特例なのである。

　　もっとも、同様の問題は「被相続人の事業」だけではなく、「相続人の事業」
　の場合も起こり得るので、相続税の負担軽減措置を「相続人の事業」にまで拡
　大させることとした。

　　ここで問題となるのは、相続財産の中に「相続人の事業」用地などがある場
　合に、どの相続人の事業まで対象を広げるかという点である。この点、現行法
　は、立法政策として「被相続人の親族が当該被相続人と生計を一」にしている
　場合に限定した。

　　この限定方法につき、相続税法特有の原理が係わるのであれば、生計一要件
　に何らかの記載を付加すべきであろうが、明文上、所得税法の「生計を一」概念
　をそのまま用いたことから、所得税法と同様に、かなり幅広く財布を一つにし

ている状態を対象にしているものと考えられる[1]。

　つまり、生計一要件は、本件特例の趣旨（担税力の減少への配慮）から論理的に導き出せる要件ではなく、本件特例の射程範囲をどこまで広げるのか、どの程度まで限定するのかといった立法政策の観点から設けられた要件に過ぎず、そこに所得税法の「生計を一」概念を持ち込んだのである。

2　生計一要件の解釈の検討

　以上から、本件特例における生計一要件の解釈については、所得税法第５６条の解釈と別異に解すべき積極的理由は存在せず、むしろ法秩序の一体性と法的安定性の観点からは同義に解釈すべきということになる（借用概念[2]）。

　そして、生計を一としているか否かについて、同居している場合はよほど明確な区分がなされていない限り生計が一つと解される。各自に多少の独自の収入や支出があったとしても基本的には世帯主の財布の中で生活している関係と言えるからである。

　他方で、同居をやめ、独自の生活をはじめた場合でも扶助義務に基づく財政援助などが行われている場合には世帯主の財布の中で生活していることから、生計は一つと解される。

　そして、親子であっても同居していない場合で、独自の収入があり、それを独自の判断で処理している場合は、もはや生計を一にしているとはいえない。

---

[1] 所得税法第５６条の生計一要件は昭和２７年に規定され、本件特例の生計一要件は昭和５８年に新設されている。

[2] 他の法分野で用いられている概念が租税法の分野でも用いられる場合、他の法分野から借用しているという意味で借用概念と呼ばれ、その解釈おいては、法秩序の一体性と法的安定性の観点から、原則として他の法分野におけるものと同義に解すべきと考えられている（統一説。判例・通説）。なお、統一説の立場においても、他の法分野における概念と別意に解すべきことが租税法規の明文またはその趣旨から明らかな場合は別異に解すべきと考えられている。

なぜなら、扶養関係にはなく、自分の財布で生活している関係にあるからである。ここで留意すべきは、自分の財布と言えるためには、生計（くらしを立てていくこと）につき、自分で判断し、自分で支出することが必要ということである。そして、自分で判断し、自分で支出しているかの判断は、実質的に考えるべきであり、単に財布の名義（形式的な所有名義）のみで形式的に判断すべきではない。

　以上から、同居していない本件における生計一要件は、財布が一つの状態と言えるか、言い換えると、生計（くらしを立てていく方法、手段）につき、独自の収入があり、それを独自の判断で処理しているか否かで判断されるべきである。

3　原判決の規範の問題点

　原判決は、生計一要件につき、「居住費、食費、光熱費、その他日常の生活の費用に係る主要な部分を共通にしていた関係にあったか」に限定して解釈しているが、納税者にとって不利な方向に限定する積極的な法的根拠が存在しないことは上述のとおりである。

　そもそも、生計とはくらしていく方法、手段を意味し、単に財産の所有権や帰属の問題ではないし、相互に財産を混同させることが生計一の本質ではない。あくまでも、生計（くらしを立てていく方法、手段）を中心に考えるべきである。

　百歩譲って、成年後見事案でなければ、原判決の規範でも、本件特例の趣旨を没却させないような適切な適用が可能かもしれない。

　しかし、成年後見事案においては、成年後見人に財産の分別管理義務が生じる以上、硬直的に過ぎ、不適切な規範となってしまう。

　この点、成年後見事案でも、相続人が扶養する場合あるいは扶養される場合は、相続人・被相続人間に金銭のやりとりがあり、生計一要件を満たすとの反論がありうるかもしれない。

5

　しかし、相続人が被相続人を扶養する場合、被相続人の財産を管理する必要はなく、後見開始を申し立てる実益は少ないし、逆に、相続人が被相続人から扶養される場合は、後見開始申立てをすると、家庭裁判所が被相続人の財産を相続人のために拠出することを認めないであろうから、申し立てる実益が少ないどころか、相続人には実害すらあり、申し立てられるケースは少ないものと思われる。

　つまり、上記反論は実務を軽視した形式的な反論に過ぎず、また、稀に後見事案において適用できるケースがあるからといって、原判決の規範が正当化されるものでもない。

　実務上、後見開始の申立てがなされるのは、成年被後見人の財産管理をする必要がある場合が多いところ、原判決の規範は、当該事案において、本件特例の適用を排除するといった不都合な結果を招来する。

第４　生計一要件のあてはめ

1　　　　　は、夫　　　　と長女　　　　　（中度知的障害、Ｂ１）と三人で暮らしていたが、老年期認知症に罹患し、　　　の死後（平成２２年６月１４日死亡）、　　　　　　と二人で家計を維持していくのは困難となった（甲２の４枚目「診断書」）。

　具体的には、食事摂取や排せつは自立しているものの、買物を含む食事の準備はできず、トイレや室内の清掃もできず、自宅はゴミ屋敷と化し、誘導や介助がないと外出もできない状況に陥っていたのである（甲２の４枚目「診断書」）。

　そこで、　　　　以外の唯一の子である　　　が、　　　と　　　　の生活援助（身上監護）、生計管理（財産管理）をすべく、平成２３年１月３１日、　　　と　　　　の成年後見人に就任したのである。

2　　　による身上監護と財産管理

　　　　及び　　　　の食事摂取や排せつは自立していたことから、　　　は同居こそしなかったが、　　　には一人で生活していく力はなく、食料や日常品の買物、

6

食事の準備や後片付け、ゴミ出し、部屋の清掃など、████と████の共同生活におけるほぼ全ての家事、外出付添いなどの生活援助、さらには、████の収入となる駐車場の管理、外部（行政、病院、業者）との対応、折衝の全てを████が担っていた。

また、████と████は金銭管理ができなかったことから、事業収入や家計の管理も全て████が担ってきた。

████と████を施設に入れる選択肢もあったが、████は二人の共同生活を尊重し、献身監護することで、二人の共同生活が維持できるよう努めていたのである（甲4の1枚目「5」）。

その後見事務の詳細は、甲第4号証の「後見事務計画書」の後見事務計画、甲第5号証から甲第7号証の「後見事務報告書」及び甲第8号証の「後見事務終了報告書」の後見事務報告及び後見事務経過一覧表の内容を確認いただきたい。

本書面に詳細まで記載しないが、3年半以上にわたり、████と████の生活全般を援助しているので膨大な事務作業量となっている。

さらに言えば、日々行っている後見事務の全てを報告書に記載することは現実的に不可能であるから、記載されている事務内容が████の行った後見事務の全てではない。

3　無償による後見業務の遂行

そして、████は、これらの膨大な後見業務を無償で行ってきたのである。本来であれば相当の報酬を請求してしかるべきであるが、これらを一切請求していない。

のみならず、████は、████に請求可能であったガソリン代などの後見事務遂行における必要費も████に一切請求していない。

4　小括

████は、無償で、████と████の生活全般を援助し、そのために必要な財産

7

管理、財政支出も████の判断で行っていた。

　つまり、████の独自の判断で家計を管理、処理することはもはや不可能な状態にあり、████の生活を維持するためには████の協力が必要不可欠であったことは明らかである。

　また、収入面においても、████は、駐車場の賃貸収入があったものの、駐車場や収入の管理は████の協力がなければ不可能な状態であり、████独自の収入とはいい難い。

　さらには、家計とは、一家の生活を維持していくことを意味するところ、████████の判断で████の家計が一元管理されていた事実は明らかである。

　以上のとおり、████には、もはや、生計（くらしを立てていくこと）につき、独自の収入はなく、独自の判断で処理する能力もなく、全て████に依存していたのであるから、████と████において、生計一要件を満たすことは明らかである。

　████が、████に対し、後見事務遂行における必要費、後見業務報酬を請求していない事実も、████と████の生計が一つであったことの何よりの証拠である。

5　補足（原判決の規範を前提としたあてはめ）

　なお、原判決の規範を前提としても、その結論には決定的な誤りがある。

　なぜなら、████は少なくとも年間６０万円を超えるであろう後見業務の報酬を受け取っておらず、さらには、第三者であれば本来請求できたはずの後見事務に伴うガソリン代などの必要費を請求していなかった。

　これは、税法の通常の理解からすると、████は、████から相当額を受け取った後、それを████のために拠出したものと解され、まさに「居住費、食費、光熱費、その他日常の生活の費用」を共通していたことを意味するものであり、生計一要件を満たすものと認められる。

　つまり、████と████との間において経済的利益の共通がなかったなどという事実はありえない。

8

第5　まとめ

　以上のとおり、成年後見事案という特殊性を全く考慮せず、████と████との間において現金、預金の出入金がないことをことさら強調して、生計一要件を機械的に解釈・適用した原判決は誤っており、控訴人は、控除状記載の控訴の趣旨記載のとおりの裁判を求め、控訴に及ぶ次第である。

以上

9

令和3年　　　　　第　号　相続税更正処分等取消請求控訴事件

控　訴　人　　亡　　　　　　訴訟承継人

被控訴人　　国（処分をした行政庁　藤沢税務署長）

答　弁　書

令和3年4月19日

東京高等裁判所第11民事部3係　御中

被控訴人指定代理人

〒102−8225　東京都千代田区九段南一丁目1番15号九段第2合同庁舎

　　　　東京法務局訟務部（送達場所は別紙のとおり）

　　　　　　　　部　　　　付

　　　　　　　　訟　務　官

　　　　　　　　訟　務　官

〒104−8449　東京都中央区築地五丁目3番1号

　　　　東京国税局課税第一部国税訟務官室

　　　　　　国 税 訟 務 官

　　　　　　国 税 実 査 官

　　　　　　国 税 実 査 官

- 1 -

第1　控訴の趣旨に対する答弁

控訴の趣旨第2項につき，「平成29年9月27日付でした」とあるのを「平成29年9月27日付けで亡　　　　　に対してした」と，「控訴人の平成26年8月27日相続開始にかかる相続税」とあるのを「被相続人　　　　の平成26年8月27日相続開始に係る相続税」と解した上で，以下のとおり答弁する。

1　本件控訴を棄却する

2　控訴費用は控訴人の負担とする

との判決を求める。

第2　被控訴人の反論

1　はじめに

被控訴人の事実上及び法律上の主張は，原審口頭弁論で述べたとおりであり，原審原告（控訴人）の請求をいずれも棄却した原判決は正当であって，本件控訴は理由がないから，速やかに棄却されるべきである。

控訴人は，令和3年2月15日付けの控訴理由書において，原判決に誤りがある旨るる主張するが，いずれも原審における主張の繰り返しか，控訴人独自の見解に基づいて原判決を論難するものにすぎず，これらに理由がないことは明らかである。

もっとも，被控訴人は，念のため，以下，原判決の判示の要旨を示した上で（後記2），控訴人の主張に対し，必要と認める範囲で反論する（後記3）。

なお，略語等は，原判決に定義のあるものは原判決の例により，原判決に定義のないものは原審被告（被控訴人）の各準備書面の例による。

2　原判決の判示の要旨

原判決は，大要次のとおり判示して，原審原告の請求をいずれも棄却した。

(1)　「生計を一にしていた」との要件は，土地を利用してなされる事業の収益によって被相続人と相続人（親族）の生活基盤が維持されるなど，社会通念に

照らして，被相続人と相続人（親族）が日常生活の糧を共通にしていた事実を要するものと解するのが相当である（原判決１９ページ）。

(2) 本件後見の開始から本件相続の開始までの間において，░░░░の食費，光熱費，その他日常の生活に係る費用に係る支出は，本件出納帳及び░░░名義の口座で管理されており，本件出納帳により管理されていた現金は，░░░の収入及び同人が亡夫から相続した預金が入金された░░░名義の口座又は同口座の預金を原資とする░░░名義の口座などからのものであるところ，①░░░名義の口座に░░░との間での出入金は見当たらず，本件出納帳で管理されていた現金に░░░から拠出された現金があることもうかがわれない。また，②░░░░░は，大工業を営んでいて，相応の収入があり，░░░から経済的な援助を受けていたことはうかがわれない。さらに，③░░░と░░░は，それぞれの自宅で生活していて，同居していたわけではなく，④░░░は，平成２６年分の所得税及び復興特別所得税の確定申告において，░░░を扶養親族としていなかった。

これらの事実からすれば，░░░と░░░とは，居住費，食費，光熱費，その他日常の生活に係る費用の全部又は主要な部分を共通にしていた関係にはなく，日常生活の糧を共通にしていたとはいえず，「生計を一にしていた」とは認められないものというべきである（以上につき，原判決１９及び２０ページ）。

3　本件特例の「生計を一にしていた」との要件ないしその当てはめに係る控訴人の主張に理由がないこと

(1) 控訴人の主張

前記２の原判決の判示に対し，控訴人は，「成年後見人には，財産の分別管理をする義務があることから，成年被後見人に少しでも財産があれば，成年後見人は自らの財産と分別して管理しなければなら」ず，「本件事案においても，░░░に蓄えがあったことから，░░░は（中略）自らの財産と░░░の財

産をしっかり分別して管理せざるをえず，結果として，▢▢▢と▢▢▢の間に現金，預金の出入金がなかったのである。」と主張する。そして，控訴人は，「原判決に従うと，被相続人が成年被後見人となり，相続人が成年後見人に就任した場合，被相続人に少しでも蓄えがあれば，相続人（かつ成年後見人）に分別管理義務が発生することから，現金や預金の行き来はなくなり，結果，生計一要件は満たさず，本件特例の適用が排除されてしまう。」として，原判決は，「成年後見人を兼ねる相続人に不当に酷な結果を強いる違法な解釈・適用をして」いると主張する。

その上で，控訴人は，「同居していない本件における生計一要件は，財布が一つの状態と言えるか，言い換えると，生計（くらしを立てていく方法，手段）につき，独自の収入があり，それを独自の判断で処理しているか否かで判断されるべきである。」と主張する（以上につき，控訴理由書・1ないし5ページ）。

(2) 被控訴人の反論

ア　「生計を一にしていた」との要件に係る被控訴人の主張ないし原判決の判示は，何ら「成年後見人を兼ねる相続人に不当に酷な結果を強いる」ものではないこと

しかしながら，原審被告の令和元年11月19日付け準備書面(3)（13及び14ページ）のとおり，被控訴人の本訴における主張は，▢▢▢が，▢▢▢の財産を分別管理していたという事実だけを理由に▢▢▢と▢▢▢が日常生活の糧を共通にしていなかったと判断するものではない。一般に，被相続人の生活費や療養費といった被相続人の日常生活に係る費用の全部又は主要な部分を相続人が負担していたケースであれば，相続人が被相続人の後見人としてその財産を分別管理していたとしても，当該相続人と当該被相続人は日常生活の糧を共通にしていたと十分判断し得るものである。

したがって，「生計を一にしていた」との要件に係る被控訴人の主張な

いしこれと同趣旨の原判決の判示は，何ら「成年後見人を兼ねる相続人に
不当に酷な結果を強いる」ものではなく，前記(1)の同要件に係る控訴人
の主張ないし三木義一氏の意見(甲２３)は，その前提において失当である。

　なお，控訴人は，前記(1)の解釈を前提に，「　　　　には，もはや，生計(く
らしを立てていくこと)につき，独自の収入はなく，独自の判断で処理す
る能力もなく，全て　　　に依存していたのであるから，　　　と　　　におい
て，生計一要件を満たすことは明らかである。」(控訴理由書・８ページ)
と主張するが，つまるところ，成年後見の必要性をるる述べるにすぎず，
「財布が一つの状態」(同５ページ)であることを明らかにするものではな
いから，この点においても控訴人の主張には理由がないものである。

イ　　　　が　　　の成年後見人となる前からも両者が生計を一にしていた関係
　にあったとは認められないこと

　　また，原判決が判示するとおり(前記２(2))，本件後見の開始から本件
相続の開始までの間において，　　　と　　　は，居住費，食費，光熱費，そ
の他日常の生活に係る費用の全部又は主要な部分を共通にしていた関係に
はなかったと認められるところ，後記(ア)ないし(エ)の事実からすれば，そ
もそも，本件後見の開始(平成２３年１月３１日。原判決８ページ)前にお
いても，両者は，かかる関係にはなかったと認められる。

(ア)　本件後見の開始前においても，　　　名義の口座に　　　との間での出入
　金は見当たらないこと(前記２(2)①に関連する事実)

　　本件後見の開始から本件相続の開始までの間においては，　　　の食費，
光熱費，その他日常の生活に係る費用に係る支出は，本件出納帳及び　　　
　　名義の口座で管理され，　　　名義の口座に　　　との間での出入金は見
当たらないところ(原判決１９ページ)，本件後見の開始前においても，
　　　名義の口座に　　　との間での出入金は見当たらない(甲２，４ない
し８)。

(イ)　████は，本件後見の開始前から相応の収入があり，████から経済的な援助を受けていたとは認められないこと（前記２(2)②に関連する事実）

　　████には，本件後見開始の審判の申立てがされた当時，大工業としての収入が年間約３００万円あったと認められるところ（原判決第３の１(1)カ・１８ページ），████は，平成６年頃より一人で大工業を営んでいたとされるから（原審原告の令和２年８月３１日付け第３準備書面・３ページ），本件後見の開始前から相応の収入があったと認められる。また，████は，平成２２年分ないし同２６年分の所得税（又は所得税及び復興特別所得税）の各確定申告において，████を扶養親族とはしていない（乙２５の１ないし５・各２枚目・「(控除対象)扶養親族の氏名」欄参照）。

　　これらのことからすれば，████は，本件後見の開始前から相応の収入があり，本件後見の開始の前後を通じて████から経済的な援助を受けていたとは認められない。

(ウ)　████と████は，本件後見の開始前も同居していなかったこと（前記２(2)③に関連する事実）

　　████は，本件後見の開始前から，夫████及び████とともに，████████████に居住していた（乙９，訴状３ページ）。一方，████は，本件後見の開始前から，妻████，次男████及び長女████████とともに，████████████████に居住していた（乙８，甲２・９枚目・「申立書附票(3)≪後見人等候補者照会書≫」と題する書類の「４　家族構成」欄参照）。

　　このように，████と████は，本件後見の開始前も同居していなかった。この点は，控訴人も控訴理由書（６ページ）において自認するものと解される。

(エ)　████の収入や支出の状況は，本件後見の開始前後で大きく状況が異

なっていたとは認められず，■■■が本件後見の開始前に■■■の扶養親族
であったとは考えられないこと（前記2(2)④に関連する事実）

　■■■には，①本件後見の開始前である平成22年中に，少なくとも，
年金収入が約73万円，不動産収入が約40万円（乙25の1），配当金
収入が約44万円程度（■■■名義の三浦藤沢信用金庫■■■■■の口座番
号■■■■■■■■の普通預金口座の通帳の写し〔甲2・67枚目，甲4
・40枚目〕に印字されている「ﾐﾂﾋﾞｼｭｰｴﾌｼﾞｪ」又は「ﾐﾂﾋﾞｼUFJﾓﾙｶﾞ」
からの平成22年中の入金額合計44万2836円。），売電収入約1
0万円（■■■名義の三浦藤沢信用金庫■■■■■の口座番号■■■■■
■の普通預金口座の通帳の写し〔甲4・43枚目〕に印字されている「ﾄ
ｳﾃﾞﾝ(ｶ)」からの平成22年中の入金額合計10万7904円。）があっ
たと認められる。他方，■■■には，②本件後見の開始以後，年間約18
1ないし197万円の収入（年金収入が約72万円のほか，駐車場の賃
料収入，有価証券の配当金など）があった（原判決第3の1(1)ウ・17
ページ）。

　また，■■■には，本件後見の開始以後，年間約195ないし236万
円の支出（固定資産税約81万円，食事の宅配代約43万円のほか支援
介護費，生活費，水道光熱費など）があったところ（原判決第3の1(1)
ウ・17ページ），これらの支出のうち，少なくとも水道光熱費につい
ては，本件後見の開始前から継続して■■■■■（■■■の亡夫）名義の三浦藤
沢信用金庫■■■■■の普通預金口座（口座番号■■■■■■■■）からの口
座引き落としにより支払われていたと認められる（甲4・11枚目，甲
5・47枚目）。

　このように，■■■の収入や支出の状況は，本件後見の開始前後で大き
く状況が異なっていたとは認められず，■■■が本件後見の開始前に■■■
の扶養親族であったとは考えられない。

- 7 -

（オ）小括

　　　以上のとおり，①本件後見の開始前においても，░░░名義の口座に░░░
　░░░との間での出入金は見当たらないこと（上記(ア)），②░░░は，本件後
　見の開始前から相応の収入があり，░░░から経済的な援助を受けていた
　とは認められないこと（上記(イ)），③░░░と░░░は，本件後見の開始前
　も同居していなかったこと（上記(ウ)），及び④░░░の収入や支出の状況
　は，本件後見の開始前後で大きく状況が異なっていたとは認められず，
　░░░が本件後見の開始前に░░░の扶養親族であったとは考えられないこ
　と（上記(エ)）からすれば，░░░と░░░は，本件後見の開始前から一貫し
　て日常の生活に係る費用の全部又は主要な部分を共通にしていた関係
　（いわゆる「財布が一つの状態」にある関係）になかったことは明らかで
　ある。

　　　したがって，あたかも本件後見の開始によって財産管理義務が生じた
　がために生計一要件を満たさなくなったかのごとく述べる控訴人の主張
　は，その前提から理由がない。

第3　結語

　　　以上のとおり，控訴人の請求をいずれも棄却した原判決は正当であって，本
　件控訴は理由がないから，速やかに棄却されるべきである。

　　　　　　　　　　　　　　　　　　　　　　　　　　　　　　　以　上

令和3年　　　　第　号　相続税更正処分等取消請求控訴事件

原告

被告　国（処分をした行政庁　藤沢税務署）

控訴人第1準備書面

令和3年5月21日

東京高等裁判所第11民事部3係　御中

控訴人訴訟代理人弁護士　　馬　渕　泰　至

控訴人補佐人税理士　　　　田　中　　　潤

第1　令和3年4月19日付答弁書「第2、3、(2)」に対する認否

　1　アは争う。

　　　被控訴人は「（財産分別管理していたとしても、）一般に、被相続人の生活
　　費や療養費といった被相続人の日常生活に係る費用の全部又は主要な部分
　　を相続人が負担していたケースであれば、相続人が被相続人の後見人とし
　　てその財産を分別管理していたとしても、当該相続人と当該被相続人は日
　　常生活の糧を共通にしていたと十分判断し得るものであ」り、「何ら成年後
　　見人に酷な結果を強いるものではなく、・・・その前提において失当である。」
　　と反論するが、その反論こそ失当である。

　　　というのも、成年後見を必要とするのは、被後見人（＝被相続人）に財産
　　があり、後見人（＝相続人）においてその財産を管理する必要がある場合が
　　ほとんどであり、「被相続人の生活費や療養費といった被相続人の日常生活
　　に係る費用の全部又は主要な部分を相続人が負担していたケース」は、そも

1

そも、成年後見を利用する必要性に乏しく、反論としては不適切だからである。

　この点、被控訴人としては、後見人の業務として、財産管理の他に、生活援助（身上監護）もあるので、被後見人（＝被相続人）に財産がある場合も成年後見を利用することがあるとの反論があるのかもしれない。

　しかし、本件のように親族が生活援助（身上監護）をする場合は、成年後見を利用せずとも、扶養義務（民法８７７条）の履行として十分に実施できることから、実務上、親族が生活援助（身上監護）を主たる目的として成年後見を利用することはありえないと断言できる。

　つまり、被控訴人は、「成年被後見人に財産がない」という非常に稀なケースを挙げて酷ではないと反論しており、不適切で失当と言わざるを得ない。

　さらに言えば、本件特例（小規模宅地の特例）を利用するのも、被相続人に財産がある場合である。

　本件特例の適用を争う本件訴訟において、被相続人に財産がなく、相続人が被相続人を扶養する場合を例として挙げるのは明らかに失当である。

２　イ（ア）は争う。

　被控訴人は、生計一要件を満たさない理由として、　　　　と　　　　の間で口座間の入出金がなかった事実を挙げているが、控訴人からすれば、口座間で入出金がなかった事実こそ、生計一要件を満たす重要な証拠と考える。

　　　　　が、後見開始前から、高齢で認知症を患い、判断能力を喪失した　　　　と、知的障害を持つ　　　　の日常生活の世話、生活の支援を続けていたことは争いのない事実である。

　かかる日常生活の世話、生活の支援において、　　　　が、　　　　のために必要な生活費を支出し、立て替えつつも、他人行儀に口座間での精算を行っていない事実こそ、財布が一つであったこと、生計が一つであったことの何よりの証左である。

３　イ（イ）は争う。

　被控訴人の主張は、失当である。

2

　被控訴人は、（後見開始前も）▢▢が▢▢から経済的援助を受けていない
ことを、生計一要件を満たさない理由として挙げている。

　しかし、経済的援助という概念は、親の家から出て、仕送りをもらいなが
ら下宿している子ども（学生）について、生計一要件を認めるための説明と
して利用されるものに過ぎない。

　被控訴人は、一旦はそれぞれが独立した生計を営んだ後に、被相続人が正
常な判断能力を失ったために、相続人が近所に住みながら被相続人の家計
その他を維持してきた本件事例においても、上記下宿学生の理由をそのま
ま維持しているが、かかる主張は、高齢化社会の現実を見ない時代錯誤性が
露呈していると言わざるを得ない。

　本件は、▢▢の老年期認知症が悪化するまでは独立した生計を営んでい
たのであり、下宿学生とはケースが異なるのである。

　問題は、独立した生計を営んでいた後、▢▢が正常な判断をできなくなっ
たために、▢▢において、▢▢の財産や生活を維持する必要が生じ、後見開
始を申立て、▢▢が▢▢の後見人に就任し、数年間、後見業務を行った後に
相続が開始したという事案における生計一要件の有無であり、この相続開
始の時点に双方の家計がそれぞれ別個のものとして独立して各当事者によ
り営まれていたと言えるかどうかということなのである。

　被控訴人は、こうした実態を見ないで、戦後個人単位課税を採用したとき
に親が子どもに所得を分散していくことを規制するために導入した所得税
法５６条に関する古い判断基準を機械的になぞっているだけであり、高齢
化社会の現実、現行相続税法の解釈に全く適合しないのである。

　さらに言えば、被控訴人の主張によると、結局の所、親の脛をかじる放蕩
息子たちのみが特例の対象になることになり、本件特例が社会的非難の対
象にもなりかねない。

加えて、被控訴人は、▢▢が所得税法上、▢▢の扶養親族ではないことを理由に
経済的援助を受けていないと断定しているが、所得税法の扶養親族と生計一要
件は何ら関連性なく、これまた的外れな指摘である。４　イ（ウ）は争う。

　被控訴人の主張はここも失当である。

　本件訴訟で争われているのは、本件特例の適用の有無であるところ、控訴人と被控訴人は、░░░と░░░が別居していることを前提に、生計一要件を満たすか否かを議論しているのである。別居している事実を生計一要件を否定する理由とすべきではない。

　大事なことは、もともと独立して生活してきた相続人が、被相続人の判断能力の欠如を受けて後見人となり、被相続人の財産管理を始め様々な配慮をしていた時点で相続開始があり、この時点の状況を生計一状態と言えるかどうかである。

5　イ（エ）は争う。

　被控訴人の主張はここでも失当である。

　被控訴人は、扶養要件と生計一要件が一体的関係を有していることを前提としているが、それは所得税法５６条の時代、つまり親一人が稼ぎ、それを家族で使う時代にはそれなりの実務上の判断基準足り得たであろうが、相続人自身が相当高齢に達している現代社会の相続税の生計一要件には基本的には当てはまらない。

　本件特例にあたって、考慮すべきは、相続開始の時点において、被相続人と相続人がそれぞれ独立した生計を営んでいたか否かであり、一方が他方を扶養していたかどうかではない。

第２　反論

1　はじめに

　被控訴人及び原審判決は、生計一要件について、「**日常生活の糧を共通にしていた事実を要する**」と考えつつも、具体的には、①被相続人と相続人の間で入出金の事実があるか、あるいは、②被相続人から相続人に経済的援助があるか、あるいは、③相続人が被相続人を扶養しているかという偏った解釈をしており、本件主たる争点である成年後見事案の特殊性について何ら配慮していない。

　控訴人としては、「**日常生活の糧を共通にしていた事実を要する**」との考えを否定するものではないが、その解釈において、上記①②③に限定するの

4

は形式的に過ぎ、生計が一つ（日常生活の糧が共通）の状態を経済的利益のやりとりのみにこだわる結果、本件特例の適用範囲を不当に狭めるものと考える。

　以下、詳述する。

2　「①被相続人と相続人の間で入出金の事実があるか」という規範について

　被相続人と相続人間の入出金の事実は、日常生活の糧を共通にしていたか否かを判断する材料になりうることを否定するものではないが、既述のとおり、日常生活の世話、生活支援をしている関係において相互の入出金がないという事実は、精算を行っていないことを意味するものであり、むしろ日常生活の糧を共通していたものと評価されるべき根拠事実である。

　「入出金がない事実＝日常生活の糧を共通にしていない」と形式的、短絡的、機械的に考える原審判決及び被控訴人の主張は誤っていると言わざるを得ない。

　常識で考えて、生計が一つであれば、口座間で入出金などしない方が普通ではないだろうか。

　そもそも、被相続人の生活支援をする相続人において、時間的にも精神的にも余裕がなくなる場面が少なくなく、細かい金額の精算は、都度はもちろん、後からまとめて行うことも困難であることが多い。

　加えて、被相続人は、老年期認知症に罹患していたとしても、法律行為をするのが困難となるだけで、生命体である人間としては、死ぬまで生きていかなくてはならない。相続人としては、日々毎食の食費を被相続人の現預金から支出することは可能であるが、同じ食材を使って、被相続人だけでなく、相続人らの食事も作るとなれば、わずかな金額ではあるものの、被相続人の金銭を使用するのは憚られる。

　以上の理由から、立て替えた生活費をわざわざ精算しないことの方が多いのである。

　むしろ、当事者間で立て替えた生活費を精算するのは、金銭貸借関係を認識しているからであり、家計が明確に分離されている場合に他ならない。

3　「②被相続人から相続人に経済的援助があるか」及び「③相続人が被相続

5

人を扶養しているか」という規範について

　被控訴人の主張を見るに、被控訴人は、生計一要件と、経済的援助あるいは扶養を混同していると言わざるを得ない。

　経済的援助や扶養があった場合に生計一要件を満たすことがあることは否定しないが、経済的援助や扶養がなかった場合に生計一要件を満たさないと解釈することは許されない。

　そもそも、本件特例は、親の脛をかじる放蕩息子や親の面倒を見る親孝行の子どもを優遇する特例ではない。

　本件特例の趣旨は、相続人等の生活基盤の維持のために欠くことのできない不動産については、その処分に相当の制約を受けることから、その担税力の減少に配慮する点にあり、その特例を受けるための要件として、生計一要件があることに留意しなければならない。

4　控訴人の考える規範の正当性

　本件特例の生計一要件につき、「日常生活の糧を共通にしていた事実を要する」と解釈したところで、具体的な結論を導き出せる訳ではなく、さらに、日常生活の糧共通ということをどのように解釈するのかを考えなくてはならない。

　この点、被控訴人は、形式的な入出金や、経済的な支援関係、援助関係を重視するが、このような限定的な解釈は、生計一要件からも、日常生活の糧共通要件からも論理的に導き出すことはできない。

　本件特例の趣旨、そして、同居していないケースにおいて生計一要件で射程範囲を限定している趣旨、さらには、租税法律主義（特に文理解釈）の観点からすれば、生計一要件は、財布（生計）が一つの状態と言えるか、言い換えると、生計（くらしを立てていく方法、手段）につき、独自の収入があり、それを独自の判断で処理しているか否かという観点で判断されるべきことは明らかである。何ら難しい話ではない。

　本件のあてはめについては、控訴理由書（6頁以降）に記載しているので、省略する。

5　被控訴人の主張の不合理さ

　被控訴人は、形式的な相互の入出金の有無にこだわり、控訴人が控訴理由書に記載した実質的な独自の収入、独自の判断による処理については全く反論できてない。これは、被控訴人の理論からは合理的な説明ができないからと推測する。

　さらに決定的なのは、本件が生計一でないと言うなら、被相続人は相続開始時において相続人から独立した生計を営んでいなければならないはずである。そして、独立した生計を営むためには独立した判断能力がなければならない。

　被控訴人が、本件被相続人の生計が独立していたと主張するのであれば、独立した判断能力がどのようにあったと言うのか具体的に説明すべきである。

　この点、被控訴人が、被相続人には自己の預金などがあり、それを相続人が管理し拠出した状態においても、なお被相続人に独立した生計があったと言いたいのであれば、例えば、学生が下宿し、その学生には祖父から受け取った預金があり、親がそれを管理して、そこから子どもに仕送りをしていた場合など、子どもは親と生計を別にしていることになり、自らの税務実務を根底からひっくり返しかねない。

　いずれにせよ、　　　と　　　において、そもそも生計は二つあったといえるのか。そもそも、成年被後見人に独自の生計を観念できるのか。この点について、被控訴人は何の反論もできていない。

　さらにいえば、被控訴人は、形式的な入出金にこだわるが、　　　は、高額の後見報酬請求権を幾年にもわたり放棄しており、　　　の支援のために出捐したガソリン代、交通費などの必要費の償還請求権も放棄していることから、　　　と　　　の間に形式的な金銭債権のやりとりが十二分に認められるのである。

　そして、それは、被控訴人による生計一要件の解釈であるところの経済的な援助そのものである。

　繰り返しとなるが、　　　による無償の後見業務があったからこそ、　　　と　　　に出入金の事実がなかったに過ぎないのである。

7

この点についても、被控訴人は何の反論もできていない。

第3　まとめ

　　高齢者社会の到来とともに、本来重宝されるべきはずの成年後見制度が、柔軟性がないと批判を浴び、利用を避けられることが多い実務状況において、さらに追い打ちをかけるように、成年後見制度の利用を阻害するような税務実務の運用は厳に避けるべきであろう。

　　成年後見制度下における本件特例の適用、生計一要件の解釈については、今まで議論されたことがない新しい場面なのであるから、控訴審においては、従前の古びた規範をそのまま用いるのではなく、新たに解釈適用していただき、控訴人の適正な請求が認容されることを切に希望する次第である。

以上

8

令和3年9月8日判決言渡　同日判決原本領収　裁判所書記官

令和3年 ▨▨▨ 第▨号　相続税更正処分等取消請求控訴事件（原審・横浜地方裁

判所平成31年 ▨▨▨ 第▨号）

口頭弁論終結日　令和3年6月16日

判　　　　　決

亡 ▨▨▨▨ 訴訟承継人

控　訴　人　　　　　　　　▨▨▨▨▨▨▨▨

訴訟代理人弁護士　　　　馬　渕　泰　至

補佐人税理士　　　　　　田　中　　　潤

東京都千代田区霞が関1丁目1番1号

被　控　訴　人　　　　　国

代表者法務大臣　　　　　上　川　陽　子

処　分　行　政　庁　　　藤　沢　税　務　署　長

指　定　代　理　人

主　　　　　文

1　本件控訴を棄却する。

2　控訴費用は，控訴人の負担とする。

事　実　及　び　理　由

第1　控訴の趣旨

東　京　高　等　裁　判　所

部分及び過少申告加算税賦課決定処分を取り消す。

第2 事案の概要等

1 事案の概要

本件は, ▨▨▨▨ （以下「▨▨▨」という。）の相続人である ▨▨▨▨▨（以下「▨▨▨」という。）が, ▨▨▨▨から相続した土地について, 租税特別措置法（平成27年法律第9号による改正前のもの）69条の4第1項1号の規定による特例（小規模宅地等についての相続税の課税価格の計算の特例。以下「本件特例」という。）を適用し, 課税価格に算入する価額を算出して相続税の申告をしたところ, 藤沢税務署長が本件特例の適用は認められないとして, 相続税の更正処分及び過少申告加算税の賦課決定処分をしたため, 上記各処分はいずれも違法であるとして, 本件更正処分のうち ▨▨▨ が修正申告した納付税額を超える部分及び本件賦課決定処分の取消しを求める事案である。

▨▨▨▨ は, 本件訴訟係属中の令和元年12月29日死亡し, 同人の妻である ▨▨▨▨▨（原告）がその訴訟上の地位を承継した。

本件の主要な争点は, ①▨▨▨ が相続により取得した土地について本件特例が適用されるか否か（争点(1)）, ②過少申告加算税賦課決定処分につき ▨▨▨ に「正当な理由」があるといえるか否か（争点(2)）である。

2 法令の定め

(1) 国税通則法（平成27年法律第9号による改正前のもの。以下「通則法」という。）

第65条（過少申告加算税）

1項 期限内申告書（省略）が提出された場合（省略）において, ・・・更正があったときは, 当該納税者に対し, ・・・更正に基づき第35条第2項（期限後申告等による納付）の規定により納付すべき税額に100分の10の割合を乗じて計算した金額に相当する過少申告加算税を課する。

横浜地方裁判所

2

(2) 同8頁6行目の末尾に改行の上，次のとおり加える。

「(4) 所得税法

第56条（事業から対価を受ける親族がある場合の必要経費の特例）

居住者と生計を一にする配偶者その他の親族がその居住者の営む不動産所得，事業所得又は山林所得を生ずべき事業に従事したことその他の事由により当該事業から対価の支払を受ける場合には，その対価に相当する金額は，その居住者の当該事業に係る不動産所得の金額，事業所得の金額又は山林所得の金額の計算上，必要経費に算入しないものとし，かつ，その親族のその対価に係る各種所得の金額の計算上必要経費に算入されるべき金額は，その居住者の当該事業に係る不動産所得の金額，事業所得の金額又は山林所得の金額の計算上，必要経費に算入する。（以下略）」

(3) 同8頁14行目の「ある。争いがない）」を「ある。　　　の夫である　　　（以下「　　　」という。）は，平成22年6月14日，死亡した。（争いがない）」に改める。

(4) 同9頁6行目の末尾に改行の上，次のとおり加える。

「　横浜家庭裁判所は，　　　の申立てを受け，平成23年1月31日，　　　についても後見を開始し，その成年後見人として　　　を選任するとともに，その成年後見監督人を選任する旨の審判をし，同年2月16日，同審判が確定した（甲3の2，弁論の全趣旨）。」

(5) 同9頁21行目の「引き続き」を「本件相続の開始前から本件相続税の申告期限まで引き続き」に改める。

(6) 同10頁9行目及び同頁10行目の各「本件課税処分」をいずれも「本件更正処分」（原判決10頁1行目参照）に改める。

(7) 同11頁1行目の「この生計一要件は」を「租税特別措置法69条の4第1項の「生計を一にしていた」との要件（以下「生計一要件」ということがある。）は，所得税法56条の「生計を一にする」との要件と同様」に改め

東　京　高　等　裁　判　所

- 3 -

(8) 同15頁9行目から同頁10行目にかけての「　　について後見が開始し」を「　　について本件後見が開始し」（原判決9頁2行目参照）に改める。

(9) 同15頁14行目の「後見人」を「成年後見人」に改める。

4　当審における控訴人の補足主張（争点⑴について）

(1) 本件特例の趣旨

　相続税の本来の原理からすると，相続人が被相続人の財産を相続した場合，相続人には新たな経済的利益が発生することから，そこに担税力を見いだし，税負担を求めることになる。ところが，被相続人が行っている事業を相続人が承継する場合には，事業自体に相続を通じて新たな経済的利益が生じるわけではなく，十分な担税力が見いだせない。そこで，相続による事業承継の場合，経済的利益の有無の観点から，相続税の負担軽減のために設けられた措置が本件特例である。

　もっとも，同様の問題は，「被相続人の事業」だけでなく，「相続人の事業」の場合にも起こり得るため，どの範囲の事業まで対象を広げるかが問題となる。そこで，租税特別措置法69条の4第1項は，専ら立法政策として，「被相続人の親族」が「当該被相続人と生計を一」にしている場合に限定した。そして，明文上，所得税法56条の「生計を一」概念をそのまま用いていることから，所得税法56条と同様，かなり幅広く財布を一つにしている状態を対象にしているものと考えるのが相当である。つまり，生計一要件は，本件特例の趣旨（担税力の減少への配慮）から論理的に導き出せる要件ではなく，本件特例の射程範囲をどこまで広げるのか，どの程度まで限定するのかといった専ら立法政策の観点から設けられた要件にすぎず，そこに所得税法56条の「生計を一」にするとの概念を持ち込んだものである。

(2) 生計一要件の解釈

　本件特例における生計一要件の解釈について，所得税法56条の「生計を

東 京 高 等 裁 判 所

- 4 -

一」にするの解釈と別異に解すべき積極的理由はなく，むしろ法秩序の一体
性と法的安定性の観点からは同義に解釈すべきであるということになる（借
用概念）。

ア　被相続人の親族と当該被相続人とが同居している場合は，各自に多少の
独自の収入や支出があったとしても，よほど明確な区別がされていない限
り，基本的には世帯主の財布の中で生活しているといえるから，生計を一
にしていると認められる。

また，同居を止めて独自の生活を始めた場合でも，扶助義務に基づく財
政援助等が行われている場合には，やはり世帯主の財布の中で生活してい
るといえるから，生計を一にしていると認められる。

イ　被相続人の親族と当該被相続人とが（たとえ親子であっても）同居して
おらず，各自に独自の収入があり，それを独自の判断で処理している場合
は，自分の財布で生活しているといえるから，生計を一にしているとは認
められない。

ウ　そこで，本件特例の趣旨のほか，同居していないケースにおいて上記の
ように生計一要件で射程範囲を限定している趣旨，さらには，租税法律主
義（特に文理解釈）の観点から検討すると，租税特別措置法６９条の４第
１項の生計一要件は，所得税法５６条の「生計を一」にするとの要件と同
様，財布（生計）が一つの状態と言えるか，言い換えると，生計（暮らし
を立てていく方法，手段）について，独自の収入があり，これを独自の判
断で処理しているか否かという観点から判断すべきである。

(3)　本件へのあてはめ

ア　　　　は，もともと夫の　　　　と娘の　　　　と三人で暮らしていたが，老年
期認知症に罹患し，平成２２年６月１４日に　　　　が死亡した後，中度知的
障害（Ｂ１）のある　　　　と二人で家計を維持していくのは困難となった
（具体的には，食事や排泄は自らできるものの，買物を含む食事の準備は

東　京　高　等　裁　判　所

できず，トイレや室内の清掃もできずに自宅内はゴミだらけになり，誘導
や介助がないと外出もできない状態であった。）。そのため，■■■が，平
成23年1月31日，■■■と■■■の成年後見人に就任し，無償で，■■■
と■■■の生活全般を援助し（身上監護），必要な生計管理を■■の判断
で行っていた（財産管理）。

イ　■■■には，駐車場の賃料収入があったものの，駐車場や収入の管理は■
■の協力がなければ不可能な状態であり，これを■■独自の収入と言うこ
とは困難である。また，■■■が独自の判断で家計を管理，処理することは
不可能な状態にあり，■■■の生活を維持するためには■■■の協力が必要不
可欠であった。

ウ　したがって，■■■は，自らの判断で家計を管理し，支出することができ
ず，■■の協力を得ていたのであるから，■■■と生計を一にしていたと認
めるのが相当である。

(4)　本件は成年後見事案であり，そうである以上，■■■と■■■の間に出入金が
なかったのは当然のことであって，出入金の有無により生計を一にしていた
か否かを判断するとする原判決の規範は相当ではない。

　　仮に，原判決の上記規範を前提としたとしても，■■■は，少なくとも年間
60万円を超える成年後見業務の報酬を受け取っておらず，成年後見事務に
伴うガソリン代などの必要費も請求していなかったのであるから，■■■から
相当額を受け取った上で，それを■■■のために拠出したものと解される。そ
うであるとすれば，まさに「居住費，食費，光熱費，その他日常の生活の費
用」を共通にしていたといえるから，生計を一にしていたと認められる。

第3　当裁判所の判断

1　当裁判所も，控訴人の請求はいずれも理由がないと判断する。その理由は，
原判決を次のとおり付加，訂正するほか，原判決「事実及び理由」中の「第3
争点に対する当裁判所の判断」に記載のとおりであるから，これを引用する。

東 京 高 等 裁 判 所

- 6 -

2 原判決１６頁２４行目から同頁２５行目までを以下のとおり改める。

「(1) 認定事実

　　前記補正の上引用する前提事実，掲記の証拠及び弁論の全趣旨によれば，

　以下の事実が認められる。」

3 同１７頁６行目から同頁７行目にかけての「▢▢▢について後見が開始した」

　を「▢▢▢について本件後見が開始した」（原判決９頁２行目参照）に改める。

4 同１７頁１９行目の「後見監督人」を「成年後見監督人」に，同１８頁３行

　目の「後見人」を「成年後見人」に，それぞれ改める。

5 同１８頁１０行目から１９頁１６行目までを以下のとおり改める。

「(2) 本件特例についての検討

　　ア　本件特例は，個人が相続により取得した財産のうちに，相続開始の直前

　　　において，「被相続人又は当該被相続人と生計を一にしていた当該被相続

　　　人の親族の事業の用（中略）に供されていた宅地等」がある場合には，そ

　　　のうち一定の部分について，相続税の課税価格に算入すべき価額の計算上，

　　　一定の割合を減額するというものである。

　　　　前記補正の上引用する前提事実及び認定事実によれば，本件土地は本件

　　　相続の開始前から申告期限まで引き続き▢▢▢の親族である▢▢▢の事業の用

　　　に供されていたこと，▢▢▢は，本件相続により本件土地を取得し，本件相

　　　続開始時から申告期限まで引き続き本件土地を所有していたことが認めら

　　　れる。そこで，本件において，本件特例の適用の有無を判断するに当たっ

　　　ては，本件土地が「▢▢▢と「生計を一にしていた」▢▢▢の事業の用に供さ

　　　れていた宅地等」に該当するかが問題となる。

　　イ　この点につき，相続人が被相続人の財産を相続した場合には，相続人に

　　　は新たな経済的利益が発生することから，当該相続財産に担税力を見出し，

　　　相続人に相続税の負担を求めることになる。

　　　　しかし，被相続人がもともとその所有する宅地等で事業を行っていた場

東 京 高 等 裁 判 所

- 7 -

合には，そもそも，被相続人が「被相続人（中略）の事業の用（中略）に供されていた宅地等」を処分して現金化することは困難であり，「被相続人（中略）の事業の用（中略）に供されていた宅地等」には十分な担税力がなかったものと解される。相続人がその事業を承継する場合には，相続人は，被相続人から「被相続人（中略）の事業の用（中略）に供されていた宅地等」を相続したことにより新たな経済的利益が発生しているように見えるものの，当該宅地等で被相続人から承継した事業を継続するのであるから，やはり被相続人から相続した「被相続人（中略）の事業の用（中略）に供されていた宅地等」を処分して現金化することは困難である。このように，相続人が，相続により「被相続人（中略）の事業の用（中略）に供されていた宅地等」を取得し，そこで被相続人の事業を承継した場合には，当該宅地等には担税力がないから，「被相続人（中略）の事業の用（中略）に供されていた宅地等」については，本件特例により相続税の課税価格に算入すべき価額を軽減することにより，相続人の相続税負担の軽減を図ることにしたものである。

　すなわち，本件特例の趣旨は，「被相続人（中略）の事業の用（中略）に供されていた宅地等」については，被相続人の生前から一般にそれが事業の維持のために欠くことのできないものであって，その処分について相当の制約を受けるのが通常であることを踏まえて，相続財産としての担税力の有無に着目し，相続税負担の軽減を図ることとしたものである。その結果，本件特例の適用により，中小企業の円滑な事業承継が促進されるという効果が期待されるものの，それはあくまでも副次的な効果にとどまるものというべきである。

ウ　また，事業承継は必ずしも相続を契機として行われるわけではなく，相続人である子が被相続人である親の事業をその生前に承継する場合もあり得るし，被相続人が相続人に対して宅地等を無償で貸し付け，相続人が当

東　京　高　等　裁　判　所

- 8 -

該宅地等で事業を始める場合もあり得る。

　このような場合のうち，被相続人の有する宅地等で相続人が営んでいた事業により，相続人の生計だけでなく，被相続人の生計も支えられていたときは，相続によって被相続人から相続人に事業承継が行われる上記イの場合と同様，被相続人は，生前，上記の相続人「の事業の用（中略）に供されていた宅地等」で行われていた事業によりその生計を支えられていたということができるから，被相続人の相続の前後を通じ，相続人「の事業の用（中略）に供されていた宅地等」は，これを処分して現金化することは困難であったものであり，十分な担税力がなかったものと解される。したがって，相続人は，被相続人から相続人「の事業の用（中略）に供されていた宅地等」を相続したことにより新たな経済的利益が発生しているように見えるものの，当該宅地等には担税力がないから，相続税の課税価格に算入すべき価額を軽減することにより相続人の相続税負担の軽減を図る必要があることは，上記イの場合と同様である。

　以上によれば，本件特例にいう「被相続人と生計を一にしていた」相続人「の事業の用（中略）に供されていた宅地等」とは，上記のように，相続人の生計だけでなく被相続人の生計をも支えていた相続人「の事業の用（中略）に供されていた宅地等」を指すものと解するのが相当である。

エ　これに対し，相続人が被相続人の有する宅地等で事業を営んではいるものの，これによって被相続人の生計が支えられていない場合には，相続人の営む事業は被相続人の生計とは関係がないといえるから，被相続人が，生前，相続人「の事業の用（中略）に供されていた宅地等」を処分することには制限がなく，当該宅地等に担税力の減少は生じていないことになる。

　したがって，このような場合は，相続人が相続した財産における担税力の有無に着目して，相続税の課税価格に算入すべき価額を軽減することにより，相続人の相続税負担の軽減を図るという本件特例の趣旨は妥当しな

東 京 高 等 裁 判 所

いから，本件特例を適用することはできない（なお，前記のとおり，本件
特例の適用により，その結果として中小企業の円滑な事業承継という政策
目的が促進されるという効果が期待されるものの，それは副次的な効果に
とどまり，本件特例の趣旨はあくまでも担税力の減少に対する配慮にある
から，円滑な事業承継の実現自体が独立して本件特例の趣旨に当たると解
することはできない。）。」

6　同１９頁２１行目から同頁２２行目にかけての「　　　名義の口座又は同口座
の預金を原資とする　　　名義の口座などからのもの」を「　　　名義の口座から
引き出された現金や，　　　の自宅で発見された現金等」に改める。

7　同２０頁４行目から同頁７行目までを以下のとおり改める。

「　これらの事実からすれば，　　　が本件土地上で営んでいた大工業によって　　　
　　　の生計が支えられていたとは到底いえないから，本件土地は「　　　と「生計
を一にしていた」　　　の事業の用に供されていた宅地等」には当たらず，本件
土地につき本件特例を適用することはできない。」

8　同２０頁９行目から同頁１３行目までを以下のとおり改める。

「ア　控訴人は，租税特別措置法６９条の４第１項は，本件特例の要件を「被相
　　続人の親族」が「当該被相続人と生計を一にしていた」場合と規定し，明文
　　上，所得税法５６条の「生計を一」概念をそのまま用いていることから，同
　　条と同様，かなり幅広く財布（生計）を一つにしている状態を対象にしてい
　　るものと考えるのが相当であり，本件特例の趣旨のほか，同居していないケ
　　ースにおいて生計一要件で射程範囲を限定している趣旨，さらには，租税法
　　律主義（特に文理解釈）の観点から検討すると，生計（暮らしを立てていく
　　方法，手段）について，独自の収入があり，これを独自の判断で処理してい
　　るか否かという観点で判断されるべきであると主張する。

　　　しかしながら，所得税法５６条は，事業経営者と生計を一にする親族がそ
　　の事業に従事している場合には，いわば家族ぐるみで事業を行っているもの

とみて，その事業所得を事業経営者によって代表される家族単位で一体的に把握し，その家族間における給料等の支払は内部的なものとして所得計算上問題にしないことを定めた規定であるのに対し，本件特例の趣旨は，前記補正の上引用する(2)のとおり，相続人が相続した財産における担税力の有無に着目し，「被相続人と生計を一にしていた」相続人「の事業の用（中略）に供されていた宅地等」について，相続税の課税価格に算入すべき価額を軽減することにより，相続人の相続税負担の軽減を図る点にあると解される。したがって，本件特例が適用されるか否かを判断するためにその要件を検討するに当たっては，所得税法５６条と同様に解することは相当ではなく，あくまでも本件特例の上記趣旨に従って解釈すべきであるところ，本件特例の上記趣旨によれば，本件土地が「被相続人と生計を一にしていた」相続人「の事業の用（中略）に供されていた宅地等」に該当するというためには，本件土地の上で営まれていた ▢ の事業（大工業）によって， ▢ の生計のみならず， ▢ の生計が維持されていたという関係がなければならないことは，前記補正の上引用する(2)イ，ウにおいて検討したとおりである。

　　　以上より，控訴人の上記主張は，採用することができない。」

9　同２０頁１７行目から同頁１８行目にかけての「コントロール下に置いていたのであるから，日常の生活の糧を共通にしていたといえ」を「コントロール下に置いていたほか，少なくとも年間６０万円を超える成年後見業務の報酬を受け取っておらず，成年後見事務に伴うガソリン代などの必要費も請求していなかったのであるから， ▢ から相当額を受け取った上で，それを ▢ のために拠出したものと解され，まさに「居住費，食費，光熱費，その他日常の生活の費用」を共通にしていたといえ」に改める。

10　同２１頁６行目から同頁１８行目までを以下のとおり改める。

「ウ　控訴人は， ▢ が父である ▢ から本件宅地（本件土地）で営んでいた大工業を承継した本件においては，事業承継の保護という本件特例の趣旨が妥

東京高等裁判所

当すると主張する。

　　しかし，前記補正の上引用する(2)のとおり，本件特例は，当該宅地等について，担税力の減少に着目して相続税負担の軽減を図ることとしたものであって，その適用により中小企業の円滑な事業承継が促進されるという効果が期待されるとしても，中小企業の円滑な事業承継そのものをその目的とするものとは解されない。そして，被相続人と生計を一にしていた当該被相続人の親族の事業の用に供されていた宅地等について本件特例が適用される趣旨は，このような場合であっても，前記補正の上引用する(2)ウのとおり，担税力の減少の観点から，当該宅地等が被相続人の事業の用に供されていた場合と同視することができることによるものである。したがって，そのような場合でないにもかかわらず，中小企業の円滑な事業承継自体を目的として，本件特例を適用することはできない。

　　以上より，控訴人の上記主張は，採用することができない。」

11　同22頁13行目及び同頁14行目の各「前記認定」をいずれも「前記補正の上引用する認定事実」に改める。

第4　結論

　以上によれば，控訴人の請求はいずれも理由がないから棄却すべきであり，これと同旨の原判決は正当である。よって，本件控訴を棄却することとして，主文のとおり判決する。

　　東京高等裁判所第11民事部

　　　　裁判長裁判官　　　　大　竹　昭　彦

裁判官　　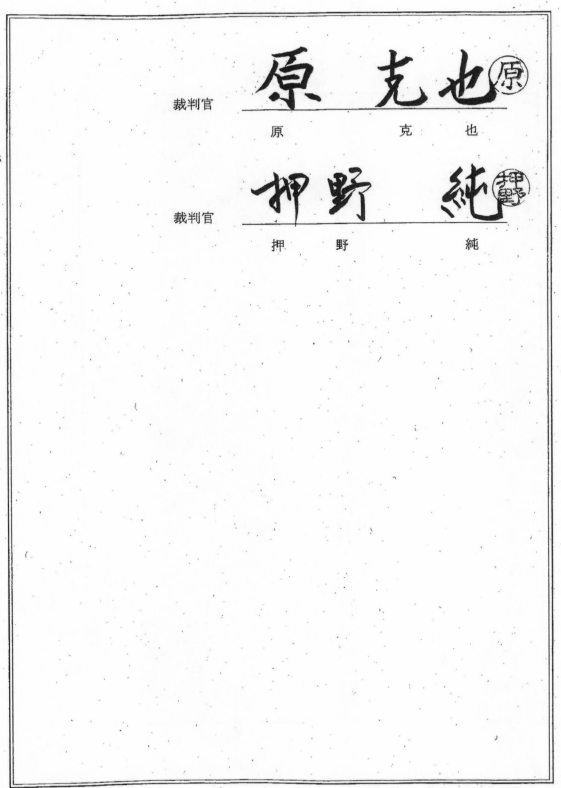

原　　　　克　　　也

裁判官　　押　　野　　　　純

東　京　高　等　裁　判　所

東京(高)

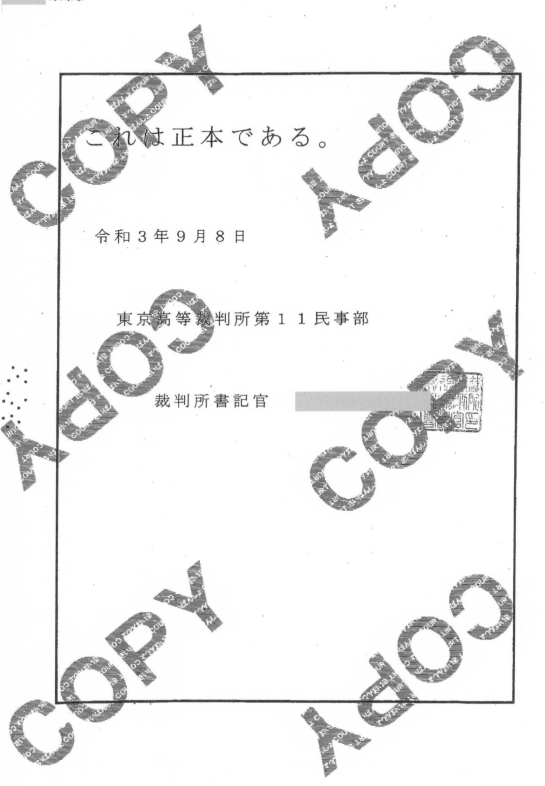

これは正本である。

令和3年9月8日

東京高等裁判所第11民事部

裁判所書記官

東京(高)

上告状兼上告受理申立書

令和3年9月21日

最高裁判所　御中

上告人兼上告受理申立人代理人弁護士　　馬　渕　泰　至

同　　　　　　　　補佐人税理士　　田　中　潤（代）

当事者の表示　　別紙当事者目録記載のとおり

上告兼上告受理申立事件

訴訟物の価格　　金728万7600円

貼用印紙額　　金　8万円

　別紙当事者間の東京高等裁判所令和3年　　　　第　　号相続税更正処分等取消請求控訴事件（原審横浜地方裁判所平成31年　　　　第　　号）について、令和3年9月8日に言い渡された下記判決は全部不服であるから上告及び上告受理申立てをする。

第二審判決主文の表示

主　文

1　本件控訴を棄却する。

2　控訴費用は控訴人の負担とする。

1

上告・上告受理申立の趣旨

上告を受理する。

原判決を破棄し、さらに相当の裁判を求める。

上告・上告受理申立の理由

詳細は追って、理由書を提出する。

添　付　書　類

| 1 | 訴訟委任状 | 1通 |
| 2 | 補佐人選任届 | 2通 |

令和3年　　　　　第　　　　　号　行政上告受理申立事件

申立人　　亡　　　　　　訴訟承継人

相手方　　国

上告受理申立理由書

令和3年11月8日

最高裁判所　　御中

上告受理申立人代理人弁護士　　三　木　義　一

上告受理申立人代理人弁護士　　馬　渕　泰　至

上告受理申立人補佐人税理士　　田　中　潤

頭書事件につき、申立人は下記のとおり上告受理申立理由書を提出する。

記

第1　本件訴訟の問題と事案の概要

1　はじめに

高齢化社会の到来により、成年後見制度は多用されるようになったものの、これまで、成年後見制度と（いわゆる）小規模宅地の特例の関係性を検討したり、財産分別管理義務と「生計を一としていた」要件の関係性について正面から議論されたことはなかった。本件訴訟は、成年後見制度と相続税の関係性、

1

整合性を問う非常に重要な訴訟である[1]。

　すなわち、相続財産の評価を大幅に減額する租税特別措置法６９条の４第１項の特例（以下「小規模宅地の特例」という。）を、原判決及び下級審判決のように、形式的にあるいは限定的に解釈適用したのでは、成年被後見人の相続事案において、小規模宅地の特例を適用できるケースは極めて少なくなり、結果、相続人は、小規模宅地の特例の適用の可能性がある事案（被相続人が不動産を所有している事案）において、成年後見制度の利用を控えてしまう。

　成年後見制度については、従前から、柔軟性に乏しく、使い勝手が悪いと批判を受けているところではあるが、さらに、課税実務において、後見業務の特殊性を全く配慮せず、相続税との関係性、整合性を検討しない運用が定着してしまうと、成年後見制度の利用はさらに低調となり、成年後見制度を根底から崩壊させかねない。

　本件訴訟は、高齢化社会を迎えた我が国において、小規模宅地の特例の解釈適用において、古典的な基準を使って形式的に適用し続けるのか、あるいは、社会変化に合わせ、成年後見制度の利用など諸事情を考慮して実質的に考えていくべきかが問われる訴訟であり、言い換えると、今まで意識されることのなかった成年後見制度と相続税の関係を規律する初めての訴訟といえる。

　よって、本件申立ては法令解釈に関する重大な事項を含んでいる。

　特に原判決は、小規模宅地の特例の要件として、相続人が当該事業において被相続人の生計をも支える必要があると判示し、「被相続人と生計を一にしていた」との要件に「扶養の事実」を付け加える限定解釈を行っているが、かかる限定解釈は、課税実務も、相手方（国）も支持することのない、独自の見解であり、明らかに誤っている。

---

[1] そもそも、財産を保有する個人（成年被後見人）が成年後見制度を利用する必要性は高く、また、財産（特に不動産）を保有する個人（被相続人）の相続に利用されるのが小規模宅地の特例である。両制度は対象者がほぼ同じであるにも関わらず、両制度の関係性、整合性が検討されていないということが根本的な問題である。

2

2　争点の整理

　　本件訴訟の争点は、シンプルであり、小規模宅地の特例の「被相続人と生計を一にしていた」（以下「生計一要件」という。）の解釈と、「事業の用に供されていた宅地等」（以下「事業用宅地等」という。）の解釈の二つである。

　　なお、後者の争点は、原判決の判示によってはじめて加えられた争点である。

3　事案の概要

　　被相続人　　　　（以下「　　」という。）の子であった　　　　　（以下「　　」という。）は、　　　　の所有する宅地で大工業を営んでいた。

　　　　　は、大工業を営みながら、母である　　　　の日常生活の世話、支援をしていたが、　　　　の老年期認知症が悪化し、日常生活がままならなくなったので、平成22年9月21日、横浜家庭裁判所に対し、　　　についての成年後見開始の審判を申し立て、審判確定後は、　　　の成年後見人として、　　　の日常生活の世話、支援を継続していた。

　　　　　が平成26年8月27日に死亡し、　　　が、　　　の相続税の申告の際に、小規模宅地の特例を適用して申告したところ、課税庁から「生計一要件」が認められないという理由で小規模宅地の特例の適用を否認された。

第2　上告受理申立理由

1　はじめに

　　下級審判決は、『「生計を一にしていた」との要件に該当するというためには、　　　の事業によって、　　　のみならず、被相続人である　　　の生計が維持されていたという関係がなければならない。』と判示した（20頁下から3行目以降）。

　　また、原判決も、『本件特例にいう「被相続人と生計を一にしていた」相続人「の事業の用（中略）に供されていた宅地等」とは、上記のように、相続人の生計だけでなく被相続人の生計をも支えていた相続人「の事業の用（中略）に供されていた宅地等」を指すものと解するのが相当である。』と判示した（9頁

3

１５行目）。

　これらの判決に従うと、小規模宅地の特例の適用を受けるためには、生計が一であるだけでは足りず、相続人が被相続人の生計を支えているという関係、すなわち「扶養」の関係が必要となり、小規模宅地の特例の適用範囲を大幅に制限することになる。

　被相続人の生計を支えること（相続人から被相続人への一方向な扶養を行うこと）と、被相続人と相続人が生計を一にすることとは全く意味が異なり、上記原判決及び下級審判決の法令解釈は明らかに誤っている。

　以下、詳述する。

２　小規模宅地の特例の趣旨と下級審判決の判示

　事業用宅地にかかる小規模宅地の特例の趣旨は、被相続人等の事業の用に供されていた小規模な宅地等については、一般にそれが相続人等の生活基盤の維持のために欠くことのできないものであって、その処分に相当の制約を受けるのが通常であることから、その担税力の減少に配慮する点、および、中小企業の円滑な事業承継を図る点にある。

　そして、上記趣旨は、被相続人が行っている事業を相続人が承継する場合のみならず、相続人が被相続人の所有する宅地上で事業を行っている場合にも妥当することから、生計一要件を満たす親族につき、事業用宅地に関する小規模宅地の特例の適用を認めている。

　つまりは、小規模宅地の特例は、生計一要件を満たす親族に対し、相続人等の生活基盤の維持のために欠くことのできない宅地についての評価の減額を認めたものである。

　そして、下級審では、当該生計一要件の解釈が争点となり、相手方（国）の主張する「日常生活の糧を共通にしていた事実を要する」ものと解釈し（下級審判決１９頁８行目から）、「　　　の食費、光熱費、その他日常の生活に係る費用に係る支出は、本件出納帳及び　　　名義の口座で管理されており、本件出納

帳により管理されていた現金は、████の収入及び同人が亡夫から相続した預金が入金された████名義の口座又は同口座の預金を原資とする████名義の口座などからのものである」、「████との間での出入金は見当たらず、本件出納帳で管理されていた現金に████から拠出された現金があることもうかがわれない」（下級審判決１９頁１７行目から）との理由で申立人の請求を排斥した。

3　下級審判決の誤り

　　下級審判決は、生計一要件につき、相手方（国）の主張する解釈基準をそのまま採用したが、かかる基準は、成年後見制度の特殊性を考慮することなく定立された古典的な解釈基準であり、後見事案の特殊性を一切考慮できず、不適当である。

　　たしかに、後見事案でなければ、上記解釈基準は妥当するのかもしれない。しかし、後見事案では、成年後見人たる相続人に財産分別管理義務があることから、成年被後見人たる被相続人と「財布」を形式上分離せざるを得ず、上記解釈を前提とすると、成年後見事案において、生計一要件を満たすことは非常に難しくなってしまう[2]。

　　成年後見人は、後見業務において、成年被後見人の預貯金を分別管理し、成年被後見人独自の帳簿を作成し、家庭裁判所に提出する義務を負うことから、形式上、生計が混同することはないのである。成年後見人が生計を混同すると、成年後見人の職務違反となり、解任事由となる。

　　よって、後見事案においては、形式上の「財布が一つ」となるケースは稀であるから、下級審判決における生計一要件の解釈基準によると、後見事案において、小規模宅地の特例はほぼ使えなくなってしまう。

4　本件事案は生計一要件を満たすこと

　　そもそも、生計とは、くらしを立てていく方法、手段をいうところ、生計が

---

[2] 相続人から被相続人への一方的な扶養を行っているケースしか特例の適用が認められない。

一ではない、つまり、独立した生計があるというためには、独自の収入、支出があり、それを独自の判断で処理する判断能力が必要となる。判断能力を喪失した成年被後見人には、もはや独立した生計は観念できないのであるから、形式的な財布の数を問題にするべきではない。

本件においても、　　　は、老年期認知症で判断能力を喪失し、　　　は、無償で　　　の生活全般を援助し、そのために必要な財産管理、財政支出も　　　独自の判断で行ってきた。

かかる　　　にもはや独立した生計は観念できず、たとえ、　　　が、　　　の財産を自らの財産と分別して管理していたとしても、たとえ、形式上、財布を別にしていたとしても、　　　と　　　は「生計を一にしていた」ことは明らかである。

さらにいえば、後見業務の実務から考察しても、親族である成年後見人が、成年被後見人にかかる入出金を完全に分別管理することは不可能であり、成年後見人が成年被後見人の財産を費消することはありえないものの、成年後見人が成年被後見人のために立て替えた費用を精算しないことは珍しいことでない。

これは、生活援助（身上監護）を始めとする日々の後見業務において、立て替え費用は無数に発生するものの、親族である成年後見人としては、当該費用が純粋な後見業務にかかる費用なのか自らの生活費なのか判断が難しい場合も多く、また、両方の性質を兼ねることもあり[3]、その場合、配分率をどのくらいにすればいいか不明瞭であり、さらには、成年後見人の財産から支出する場合は、すべて金銭出納帳に記載する手間がかかることから、結果として精算しないことが多いのである。

そして、　　　が、本来、有償であるはずの後見業務を無償で行ってきたという事実も上記精算していないことの何よりの証左である。

---

[3] 例えば、共用する家財、自らの食材と成年被後見人の食材を買いに行った際の交通費など。

かかる観点からも、成年被後見人の░░と成年後見人の░░は「生計を一に
していた」ことは明らかである。

5　原判決の法令解釈の誤り

原判決の到底看過することのできない誤りについても指摘する。

原判決では、生計一要件の解釈を避け、「生計を一にしていた相続人の事業
の用に供されていた宅地等」についての解釈を行い、「相続人の生計のみならず
被相続人の生計をも支えていた相続人の事業の用に供されていた宅地等を指
す」ものと判示し（原判決９頁１５行目から１８行目）、小規模宅地の特例の提
供を受けるためには、当該事業において被相続人の生計をも支えている必要が
あると判示した。

これは、下級審判決の「日常生活の糧を共通にしていた事実を要する」とい
う解釈をさらに変更し、実質的に「扶養」の要件を付加したものとも評価でき
る[4]。

しかし、小規模宅地の特例の趣旨は、当該宅地が生活基盤の維持のために欠
くことができず、その処分に相当の制約を受け、担税力が減少する点、および、
中小企業の円滑な事業承継を図る点にあり、親の面倒を見る親孝行の子どもを
優遇する特例などではなく、扶養の恩恵でもない。

かかる小規模宅地の特例の適用において、相続人による「扶養」を要求する
のは、その趣旨と一切関係がなく、要件として明らかに不適切である。

さらに、生計一要件は、生計が一であるか生計が独立しているかの問題であ
り、その文理から、相続人が被相続人を当該事業で「扶養」していることを要
件として導き出すことは不可能である。

原判決の法令解釈は明らかに無理があると言わざるを得ない。

---

[4] 下級審判決においても、原告の主張に対する検討の部分で『「生計を一にしていた」
との要件に該当するというためには、░░の事業によって、░░のみならず、被相
続人である░░の生計が維持されていたという関係がなければならない。』と判示し
（２０頁下から３行目以降）、原判決と同様の趣旨を述べている。

　そもそも、原判決の法令解釈からすると、「扶養」の前提として、被相続人が無収入であったり、無資力であることが必要となるが（通常、親が無収入や無資力でないと子は扶養をしないであろう。）、小規模宅地の特例は、被相続人に収入や資力がある場合を排除していないどころか、むしろ、相続税の減税措置なのであるから、被相続人に資産（遺産）があることを前提とした特例であり、かかる観点からも、原判決は不合理である。

　この点、相手方（国）も、生計一要件については「日常生活の糧を共通にしていたことを要し、少なくとも居住費、食費、光熱費その他日常の生活に係る費用の全部又は主要な部分を共通にしていた関係にあったことを要する」と主張するにとどまり（下級審準備書面(1)１８頁１０行目から）、「扶養」要件を課していない。

　さらには、課税実務においても、生計一要件の判断において、「扶養」を要求しておらず、それどころか、被相続人が相続人を扶養している場合においても、生計一要件を満たすものとして運用されてきている。

　以上から、事業用宅地等につき、「相続人の生計のみならず被相続人の生計をも支えていた相続人の事業の用に供されていた宅地等」と限定解釈し、小規模宅地の特例の要件として、相続人が当該事業において被相続人の生計をも支える必要があると判示した原判決は、生計一要件に「扶養」の要件を付け加えるものであるところ、かかる法令解釈は、小規模宅地の特例とは何の関係もない要件を付け加えるものであり、納税者の権利を不当に制限する独自の法令解釈であり、明らかに誤っている。

　原判決の誤った法令解釈は、相手方（国）の主張の範囲をさらに超越し、従前の課税実務と大きく異なるものであり、今後の課税実務に大きな影響を与えることは明らかである。

第３　まとめ

8

　以上のとおり、原判決は、成年後見制度と相続税（中でも小規模宅地の特例）の関係性を問うものであり、また、財産分別義務と生計一要件の関係性を規律するものであり、法令の解釈に関する重要な事項を含んでいる。

　そして、上記のとおり、扶養を必要とする原判決はその法令解釈を明らかに誤っているものと認められるので、速やかに破棄されるべきである。

以上

9

調書〈最高裁判所〉

調　書　（決定）

事件の表示	令和4年　　　　第　　　号 令和4年　　　　第　　　号
決定日	令和4年3月15日
裁判所	最高裁判所第三小法廷
裁判長裁判官	林　道晴
裁判官	戸倉三郎
裁判官	宇賀克也
裁判官	長嶺安政
裁判官	渡邉惠理子
当事者等	上告人兼申立人　　　　　　 同訴訟代理人弁護士　三木義一ほか 被上告人兼相手方　国 同代表者法務大臣　古川禎久 同指定代理人
原判決の表示	東京高等裁判所令和3年　　　第　号（令和3年9月8日判決）

裁判官全員一致の意見で，別紙のとおり決定。
令和4年3月15日
最高裁判所第三小法廷
裁判所書記官

252

（別紙）

第1　主文
　1　本件上告を棄却する。
　2　本件を上告審として受理しない。
　3　上告費用及び申立費用は上告人兼申立人の負担とする。
第2　理由
　1　上告について
　　　民事事件について最高裁判所に上告をすることが許されるのは民訴法３１
　　２条１項又は２項所定の場合に限られるところ，本件上告の理由は，違憲を
　　いうが，その実質は事実誤認又は単なる法令違反を主張するものであって，
　　明らかに上記各項に規定する事由に該当しない。
　2　上告受理申立てについて
　　　本件申立ての理由によれば，本件は，民訴法３１８条１項により受理すべ
　　きものとは認められない。

- 2 -

これは正本である。

令和4年3月15日

最高裁判所第三小法廷

裁判所書記官

最高裁

裁判を主導した馬渕弁護士から締めの述懐

　本件訴訟の争点はシンプルでした。後見事案において、小規模宅地等の特例の「生計一要件」をどのように考えるかというものです。古くから「日常生活の糧の共通」と解釈されてきましたが、後見人には、被後見人の財産を分別管理すべき義務が要求されており、形式的な「日常生活の糧の共通」は許されません。

　高齢化社会の到来に伴い、成年後見制度の利用数が増加しているにもかかわらず、後見事案が形式的な「日常生活の糧の共通」を満たさないことから、結果として、後見申立てをすることで、小規模宅地等の特例が適用できなくなってしまうのです。

　しかし、実際は、被後見人に判断能力や家計を維持する能力はなく、全て後見人が行います。ただ、後見人には財産分別管理義務があるので、形式的に財布を分けているにすぎないのです。

　そこで、このような不都合を避けるべく、社会の変化に伴い、生計一要件を実質的に判断する新たな解釈が必要として提訴いたしました。

　残念ながら、地裁と高裁は、後見事案の特殊性に配慮することなく、従前の解釈をそのまま適用して、原告の訴えを排斥し、上告が受理されることもありませんでした。もっとも、本提訴により、新たな社会問題の提起はできたのではないかと思っております。

　税務訴訟は、課税庁と争う勇敢な納税者、法律感覚に長けた税理士がいなければ、弁護士のところまで相談に来ることはなく、提起に至りません。このような機会を与えてくださった本庄さん、田中先生に感謝し、また、訴訟に尽力いただいた三木先生にも厚く御礼を申し上げます。

令和 5 年 8 月 18 日
馬渕　泰至

提供：三木義一

255

■ 田中　潤（たなか じゅん）

税理士。
一般社団法人東日本大震災雇用・教育・健康支援機構、理事長。
公益社団法人受動喫煙撲滅機構、理事長。
著書に「きっと今までになかった相続の権利調整を考える本」
「無駄の物語」（歴史探訪社）他、多数。
E-mail: tanaka@jml21.jp

....

協　力　　　三木 義一

　　　　　　馬渕 泰至

　　　　　　鹿田 良美

表紙日本画　八木 久子

イラスト　　石井 伸二

デザイン　　青山 志乃（ブルークロス）

正直者が馬鹿を見る判決の話
成年後見制度を崩壊させる相続税課税

2023 年 10 月 15 日　初版第 1 刷

著　者　　　田中　潤

発行人　　　田中　裕子

発行所　　　歴史探訪社株式会社
　　　　　　〒 248-0007　鎌倉市大町 2-9-6
　　　　　　Tel. 0467-55-8270 Fax.0467-55-8271
　　　　　　https://www.rekishitanbou.com/

発売元　　　株式会社メディアパル（共同出版者・流通責任者）
　　　　　　〒 162-8710　東京都新宿区東五軒町 6-24
　　　　　　Tel. 03-5261-1171 Fax.03-3235-4645

印刷・製本　　新灯印刷株式会社

©TANAKA Jun 2023. Printed in Japan
ISBN978-4-8021-3424-8　C3033